U0138834

「知識因」：知識演化論（知識社會學）
Knowledgene: Knowledge Evolutionism
(Knowledge Sociology)

廖世璋　著

五南圖書出版有限公司

謝誌

　　本書原多方構思要尋找此領域專家學者來寫推薦序，然而，這個領域非常重要卻不易研究，且將「知識」放在哲學方面研究者眾，但放在社會學角度者少，尤其是以「知識演化論」切入者更為稀無，因而只能作罷，還望讀者們包涵。

　　本書籍出版要感謝匿名的審查者們，以及五南主編姿穎和出版社內所有工作人員，以及博士班研究生若潔的幫忙校對與提問等；寫書及出版工作皆不容易，十分辛苦，感謝大家。

　　本書希望能讓跨領域的讀者們來閱讀，不僅是人文科學領域、哲學領域等，還包括自然科學、物理科學領域等，希望能回歸到社會大眾的日常生活之中閱讀，才能發揮更大的影響力。本書提出的「知識因」概念等，也是一種知識的演化型態（知識態），而後面隱藏著更希望讀者們可以去思考的是：在人類基因與知識因共生的情況之下，「我是誰」？

　　「我是誰」這個問題，並不是現在才出現的問題，也不會是少數專家學者研究的議題而已，而是自古以來，當人類有思考的時候，便會開始想要解答自己究竟是誰？本書提供一個從知識社會學、知識演化論及「知識因」的角度提供讀者思考，然而「我是誰」這個答案，卻必須要自己去思考及發覺，作者希望讀者能找到自己的答案並且能嘗試回歸本質。

　　本書是作者大概從碩士班學生時期就極力想要完成的研究，直到這幾年在許多概念更加成熟之後，並有適當時機而終於完成。拋磚引玉，希望後續有更多人持續一起加入「知識因」的相關研究。

　　最後，在全球暖化、環境破壞、科技發達、資訊爆炸、資本商品生活等現狀下，認清自己以及要用什麼角度來回應自己的生命，更是十分珍貴

與重要！

　　在此加以祝福。

廖世璋

2018/11/21

臺北 / 象山

作者序（兼導讀）

以下分爲兩大部分，第一、先論述本書整體的摘要，第二、沿著各個章節將部分內容重點摘錄出來，以引導本書論述架構及部分重點。

首先，爲本書整體的簡要摘要，如下：

本書首先在第一章，主要先論述知識的起源從人類爲了生存的勞動而來，之後爲了傳遞知識而發展出更爲複雜的語言、文字、圖像等做爲知識傳遞的媒介，並進一步發展成更爲複雜與系統化的知識，但是，在生活中總是有許多現有知識無法掌握的力量，於是在各地產出「神」，並且在人類社會反過來地開始由「神」來說出、辨認一切知識，以及藉由各種「神說」（神的言論）來統治社會。然而相當弔詭的是，當知識接近了「神」卻遠離了「眞理」，於是本書接著開始討論「眞理」知識爲何，以及織理了知識的歷史發展脈絡，並發現知識生產的歷史過程：從天上逐漸落入凡間。

由於，在第一章論述知識其實是社會的，而且社會也是知識的，因此第二章更進一步分析知識與社會、社會與知識之複雜關係，每一個知識典範都有其屬於當時社會發展特徵的「社會型」，並論述知識生產與使用之間的斷裂，包括階級、社群等，於是開始論述知識的主體性。知識的定義爲何，是誰的知識、誰來定義、誰在詮釋、又是誰在使用等，而進一步強調地方知識學的概念，將知識置入地方發展脈絡之中，讓知識的意涵更加貼近於地方眞實性，且強調各地其地方知識的擁有者應該有自己的知識詮釋權。

另外，知識的定義是「一組被相信的信念且可做爲特定目的使用」。然而，相信與信念本身都是社會的過程，而知識的存在形式在目前資訊社會中更加複雜及模糊，因此，在此提出「知識功能主義」，不管是誰的知

識或形式等，只要幫助了自己特定目的使用的信念，都能成爲知識。

　　第三章則接著第二章在知識與社會密不可分的關係之下，重新檢視知識複雜化發展至今，怎麼還會、甚至出現更多有關知識的謬誤現象？於是本章節爲「知識已死？」，我們發現這些謬誤現象的特徵，與當代社會發展的特徵極爲相似，包括：分析現代社會、後現代社會的知識偏誤現象特徵等，知識不僅沒有解決人類問題而是帶來各種問題，因爲我們發現其實知識是一種觀看（looking）、凝視（gaze）及召喚（interpellation）的過程及結果。

　　第四章在辯證是否「知識是社會召喚而來」嗎？由此看來，一切知識皆爲虛無，但是實際上並不是如此，在第四章中重新以知識的角度來看，不僅人類各生物都面對演化，知識本身也是如此，在物競天擇之下，提出「知識因」（knowledgene）。「知識因」爲「知識」（knowledge）加上「基因」（gene）的縮寫，是以演化論的角度來思考知識的發展過程。

　　本章節是從知識爲主（前三章內容爲從社會爲主），知識並無眞正的正確性，知識是「社會正確」（society correct），「社會正確」如同酵素般地告訴社會大衆哪些知識是對的，因此也同時形成知識演化的暫時型態，稱爲「知識態」（knowledge situation）。「知識態」是知識因的公共化狀態，知識的公共化是民衆透過各種管道對於特定知識的學習，學習便是知識的複製、擴大與繁衍，而各種「社會正確」便是複製學習的酵素。

　　而知識因在演化過程中，不同時空社會背景之下，特定人士對於原作，例如：聖經、佛經、各個名著等進行的註解、詮釋、補述，讓原作與當前社會的價值與意義等更加連結的行動，便是知識演化變形的過程以及其中的現象之一。

　　目前人類已經無法僅依賴生物基因來進行演化，知識因結合基因才能說明人類的完整演化。因爲人類出生後便要學習知識，所以，知識因對

於人類的演化極為重要，甚至知識因已經能修補基因缺陷，像是：基因改造；知識因已經能複製基因，像是：基因複製；而知識因也可能更進一步在有朝一日取代了基因，像是：人工智慧等。然而，基因中DNA不同的數量及編碼方式，似乎也如同是一種被設計過的知識因。

面對所處社會其知識的更加複雜化及更快速的變動性，我們如何因應知識因的演化現象，於是在最後一章中，除了重新反思以「人」做為知識的主體，在變動的知識因演化現象中，有一個不變的「因果法則」。我們都好奇一切事物的因果關係，而我們最根本或是最終想知道的因果關係，是「我是誰」？我的主體或主體性是否存在？

於是，回到人產生「我是誰」的原點，論述人的主體及主體性是否存在，在此章節分析當前近代結構主義與後結構主義，其與主體、主體性之間的關係與問題，像是：結構主義中主體是缺席的；後結構（解構）主義的主體性是存在對抗結構的位置而被論述，且置入在結構主義的脈絡之下才生產出意義，並證明主體是一直存在的，而主體性卻是受到知識因的演化所教育，但也同時受到影響，因此，「我是誰」是主體性被各種知識教化所形成的樣子。然而，回到根源，發現主體性被異化是從幼兒的「鏡像階段」開始，主體性是透過當時周遭親友的反映而逐漸形塑而來，並不是主體性真正的樣子。

最後，回到知識本身以及我們對一切萬物的最根本認知之上，發現構成的條件是「能、所、覺知」三者，這不僅是我們認知（及創造）外在世界萬物一切的根源，也是所有知識因的基本構成條件。因此，一切知識世界無論如何演化變動，我們應該如同一面鏡子，在清澈、透明之中，參與各種知識的演化現象，就是「知識的鏡像理論」。

另外，我們再依照各個章節的重點，進行以下的摘要及論述：
第一章「知識起源與歷史脈絡」主要整理分析知識的發展脈絡。「知

識」起源於原始社會中人類為了生存的勞動，像是：火的發現、圓形輪子的運用、天地及氣象的觀察心得、神的信仰等。也由於人們從生存勞動的經驗中產生出知識，累積知識可以增加生存的優勢，當知識愈來愈複雜，以及知識要被擴大使用、或傳遞給小孩、周遭親友或族群等之際，於是進一步發展出肢體動作、話語、圖像、文字等，以及後續整個人類的文明社會。也就是說，各種肢體動作、符號、記號、圖騰、語言、文字等等，均是為了學習、複製及傳遞知識，而被生產出來的媒介。

從達爾文演化論「物競天擇」觀點來看，人們的「知識競賽」成為優勝劣汰「物競」的重要關鍵，「天擇」不僅說明人類運用知識來適應各種嚴苛的環境之外，不同的族群更演變出各種「天」的定義，也就是各種「神」及其「神性」的描述。

人類社會的歷史其實就是一本知識史，例如：藝術史便是一本有關在各階段社會當時認定什麼是藝術的知識發展史，或是飲食史就是一本食物相關知識的發展史，像是：什麼樣的社會階級在當時吃什麼，以及相關的社會禮儀知識等。然而，人類歷史其實是一本知識史之外，在知識的生產機制及歷史過程中，知識從「神」及上層階級對於知識的生產，逐漸落入凡間菁英階級，到了現代社會中，由於教育的普及使得普羅大眾階級都是知識生產者，尤其在後現代社會更是講求知識的消費內容、形式、管道等。

像是：人類因生存勞動中遇到許多自己無法抗力的處境，以及如何面對死亡等，於是出現了神及其世界的相關知識，並結合現實世界，二者合為人類完整的世界，並且因此逐漸複雜化及社會化，發展成為各式各樣的宗教及其信仰。例如：在《創世紀》中「神」創造了人類及教導知識，知識的起源是神所擁有及生產出來的，也因此產生了權力，做為社會合理化統治及穩定社會秩序之用，並在歷史上形成龐大的帝國等。

同時以「神」為中心，由「人」生產出各式各樣的知識，像是：對

神的信仰進而產生了語言、圖騰、繪畫、文字、文學相關知識，對神的歌頌產生了歌唱、音樂等知識，對神的膜拜生產出特定儀式、禮節、舞蹈等知識，也同時生產出神聖性空間（聖地、寺廟等）及神聖性時間（誕辰、節日等），並藉在現實世界生活中區分了凡人世俗的世界。同樣的，因為對於神的不同知識，在歷史上產生各種社會衝突、種族屠殺及戰爭，而魔鬼、社會禁忌等都是神明其「他者」（the others）化之產物。此外宗教中的儀式知識，其功能為能具體化原本神的抽象信仰，對於神（或鬼）的禁忌知識是社會價值及規範等的延伸。

在此章節同時進一步討論的是，如果知識本身並不是「神說」，那麼從另一端來看，知識應該是致力於追求「真理」。因此接著在此討論「真理」是否存在，並且將「真理知識」分為：推論真理、實證真理、共識真理、建構真理、經驗真理等不同類型。各種不同時期的真理知識，卻是由各階段在當時社會上的特定機制所生產出來。然而，社會是變動的，真理也極不穩定，因此，我們只能說許多知識是追求接近於真理，而無法說已經發現真理。

從知識發展的歷史脈絡來看，知識生產方式是從天上落入凡間的過程，在此分為以下時期進行論述：1.原始社會：知識起源於人類的生存勞動時期；2.古代社會：以神為知識中心時期；3.近代社會：知識做為統治者用來穩定社會時期以及唯心主義哲學理性主義時期；4.現代社會：唯物主義科學菁英實證知識生產時期以及知識生產線時期；5.後現代社會：知識消費及集體協作（mass collaboration）生產時期等。

在第二章「知識社會與社會知識」中，主要論述知識與社會之關係，因為知識是社會的，而社會也是知識的。其中，包括對於知識的分類方式與系統，反映出當時社會看待世界的觀點與視野，像是：中國醫藥典籍等看待的世界，反映了中華文化五行相生相剋的觀點與世界的樣子。

由於知識與社會密不可分，發現目前知識與地方之間產生許多斷裂，

以及知識擁有者與知識詮釋者之間也產生異化的現象，因而在此強調「地方知識學」概念，讓知識的生產與使用回到知識的擁有者自己身上。由於地方文化是一張地方知識的網，產出地方特有的各種知識，而這些讓地方文化形成許多的差異性特質，並建構地方特有的文明。因此，地方文明的知識之詮釋權，應該回到地方居民自己的身上，而不是靠外部菁英知識份子用外來所謂科學嚴謹的方法，做出一些與地方背離的研究。同時，期許地方居民能自覺自己是擁有地方知識的人，知識不再是由外來強加賦予，而是由地方居民自覺獲得。因此，到最後我們應該邁向一個「全民知識學」的知識型典範，因為所有人都是知識的擁有者、詮釋者及使用者，而不是特定階級人士。

另外，由於知識生產的變遷，過去區分的「學術型」與「生活型」知識已經不再重要。尤其在過去的知識生產是上層的、菁英的，因此出現所謂的「知識份子」階級。但是在後現代資訊社會中已經打破現代社會的二分法，像是：菁英階級與普羅大眾階級、知識及非知定義、科學及非科學知識疆界、中心知識及邊緣模糊等區隔。

我們在此討論學術型知識的本體論、認識論、方法論等，將生活型知識視為「日常生活需求為知識之母」，並提出學術型及生活型知識在目前的生產者生產方式、形式等已經打破藩籬，可以分別從：空間、時間、主題分類等加以分析，像是：過去知識的生產空間及時間是特定且被區隔開來；像是：大學、博物館、圖書館、研究單位等是「知識的聖殿」。

然而，目前的時空界線早已模糊，知識學習及消費不再以學校等教育場地做內外區分，知識早已融合在我們的日常生活一切活動之中，像是：網路學習、行動閱讀，以及各種食衣住行所需的知識等。並且目前社會上逐漸形成「知識共生系統」概念，例如：目前「維基百科」便是大眾集體協作的知識生產方式，或是「區塊鏈」是去中心化並且對特定知識展開連結所形成的網路社群等。

　　在現在「好不好用」是知識的關鍵，只要能幫助當事者於特定目的使用的信念，便是知識。因此提出「知識功能主義」（knowledge functionalism）之觀點，且構成知識的其他要件「眞」、「相信」、「信念」等都是由社會構成的，而社會是變動的，因此這些也會隨著社會變動而改變。

　　第二章在重新定義知識之後，於第三章「知識已死 ？」中，開始反思及批判「知識的終結與謬誤現象」等現象，究竟知識帶來社會進步，抑或帶來社會的更多亂象、加速社會毀滅？以及知識對於整體社會的功能爲何，爲什麼在目前相當重視知識且又教育十分普及之下，在個人生活或整體社會中，還是經常出現各種錯誤的知識謬誤事件。其中，分別以：知識的「現代性」特徵、知識的「後現代性」特徵等加以論述，並且以這些特性分別討論其產生的各種知識偏差之社會現象。

　　在這些現代性、後現代性下的知識錯誤現象中，發現偏差現象的一再發生，和不同社會階級、社群、位置及角色等對於各種「知識的想像」（knowledge imagination）有密切關係。並且，不同人他們自己多元的參與各種知識生產與消費等過程。因此，各種鳥事現象無法也不需要終結，反而鼓勵更多知識的參與，所以，知識的誤差現象只會變本加厲。

　　爲何不同社會的民衆們會產生特定的「知識的想像」？這是因爲在世界上許多知識，其實是一種以當時社會特定方式來「觀看」（looking）出所「凝視」（gaze）到的世界。世界因「觀看」的角度而存在不同的面貌及重點，而被「觀看」到的對象則是一種所「凝視」的世界，像是：不同職業的人，在日常生活中遇到同樣一件事情，卻會出現自己習以爲常、俗稱「職業病」的不同看法及重點。「職業病」現象本身便是一種不同知識下「觀看」出及被「凝視」的對象，「職業病」是特定知識訓練及學習的結果，因此因專業不同而有所差異。在此，再進一步討論，知識生產的凝視與知識消費的凝視亦有其異同之處，並且二者構成了不同民衆的各種

日常生活方式。

　　另外，在社會上知識是被社會「召喚」（interpellation）而來，在此論述「召喚」的知識作用。知識是被特定的當時社會機制及意識形態所「召喚」出來，而進一步從符號學分析，像是：Saussure將符號（sign）分為「符徵」（signifier）和「符旨」（signified），例如：玫瑰花（符徵）象徵「愛情」（符旨），愛情（符旨）為什麼是由玫瑰花（符徵）來象徵（而不是菊花符徵）；以及玫瑰花（符徵）為什麼會象徵愛情（符旨）（而不是親情符旨），因此，符徵及符旨二者皆是被社會所召喚而來。

　　另外，知識也是以一種文本的方式，進而召喚出在日常生活中的各種「神話」（myth）（Barthes，1973）。或是在Lacan的精神分析中，發現我們在幼兒時期「鏡像階段」（the mirror stage）（杜聲鋒，1989：129），透過周遭外界親友的眼神及行為等，各種影像對自己的反射而召喚出自己的樣子，自己所以為的主體性，其實是在當時被召喚而來。

　　並且在此進一步分析知識與「觀看、凝視、召喚」三者關係，以及分析在構成知識其「能知」（knowledger）及「所知」（knowledged）二者方面，皆是由社會特定機制及方式所召喚而來。

　　在第四章「再認識知識：一個『知識因』（knowledgene）的演化論」中，為從知識演化的角度「再認識知識」。「知識因」（knowledgene）是「知識」（knowledge）加上「基因」（gene）兩字的新專有名詞，從達爾文演化論觀點重新認識知識，並將知識以演化的角度思考；而「知識因」在各個社會中以各種變動的「能知」及「所知」進行變形及演化。

　　由於我們社會上對於什麼才是「對」的知識，不同社會階級具有不同的「知識的想像」，但是在當時社會中會產生「對」的知識，是因為當時社會某些特定的機制生產，確認了某些特定知識是「對」的，而且被某些

社群所信服與認同。知識由於「社會正確」（knowledge correct）而被確認爲是「對」的知識對象，但當「社會正確」改變時，則「對」的知識對象也將跟著變動。

知識的「社會正確」並不只是造就了在當時社會的整體「知識型」（episteme）特徵，「社會正確」更是促成每一位民衆的個人生活與外在周遭社會產生各種連接。我們透過各種綿密的「社會正確」來連接周遭社會，並在日常生活中展開實踐行爲，像是：在食衣住行等一切日常生活之中，辨認生活中一切的善惡、美醜、好壞、強弱等所有一切價值與意義，以及應該要追求的對象、或要捨棄的事物等。另外，知識的「社會正確」也同時建立了「知識不正確」另外一面的內容，並成爲「知識他者」以及及產生各種衝突現象。

接著，在此進一步分析論述「知識因」。在人類建立的文明社會，「知識因」讓人類有別於其他物種基因，人類「基因」需要結合「知識因」才能完整演化。而且演化至今，「知識因」已能修補先天不足的「基因」，修補基因的演化過程，像是：基因改造、基因複製等。甚至在未來也有可能將「知識因」取代生物「基因」而自行演化，像是：目前如火如荼發展中的人工智慧、機器生物等。

而知識的「社會正確」也是「知識因」演化的重要酵素，因爲「知識不死只是演化」。「知識因」將與社會互動發展一再演化轉型爲合適於當時社會的「知識態」（knowledge situation）。另外，「知識因」如同「基因」一般，需要普及化，大量複製形成有助於此知識持續成長、擴大的有利環境，而知識因的大量複製方式，便是社會大衆的知識「學習」。

「基因」結合「知識因」才是完整的人類演化。人類演化至今，知識促成人類社會文明的發展，人類仰賴知識而有別於其他物種，在世界上取得優勢競爭地位。「知識因」提供了當基因再度出生爲人類嬰兒時，再次重新學習，每一個人類新生命來到當時社會，都是需要重新學習當時社會

中的各種知識。因此，人類的演化是基因及知識因共同演化的過程。

　　知識因在演化中需要被大量複製，才能在當時的環境中取得有利於自己的發展條件，而知識因的複製行為，來自於人類對於知識的學習，因此，語言、文字、符號、圖形等都是複製學習的媒介。「社會正確」如同酵素促使某些知識因被當時社人們大量複製學習，進而在當時社會中擴大形成各種「知識態」。

　　「知識態」是知識因的公共化。也就是知識因經由社會成員大量複製學習，在社會上呈現的特殊狀態。而「知識態」是依賴語言、文字、圖形等媒介進行複製學習，然而，當這些媒介消失之際，知識態中的知識因卻也可能因此而不見，無法再被傳遞、學習與複製，進而消失。

　　另外，由於從知識演化論的角度中，在「適者生存、不適者淘汰」的天擇之下，某些知識為了持續生存及延續，不僅轉型為各種知識態之外，也會出現「知識擬態」或稱為「偽知識態」（knowledge mimicry），例如：「偽科學」便是由於在當今講求科學至上之下，於是偽裝成為科學知識，讓社會大眾更加擴大複製學習。

　　在此一併討論知識因的演化行動，其中重要的一種是社會對於原先知識的註解、註釋、補述、詮釋等行動。Derrida（1982）認為「延異」（différance）作用之下，對一切事物的認知將會一再改變，並且不可能有一個永恆不變的結構，於是，Derrida提出解構主義來對抗結構主義的各種說法。像是：如果《聖經》是永恆不變的，便不會出現歷代許多神職人員的註腳或補述等行動，因此，事物的意義是不穩定的、去結構的。然而，從知識因的演化角度來看，註腳、補述等都是當時使用者將過去知識與當前需求等因素，進行相互連結的重要行動，是知識因的演化行動之一。由於這些行動，讓原有的知識能夠繼續延續下去，而且不只是宗教的經典，就連許多原創名著在各種社會都有各種不同的詮釋，像是：莎士比亞文化與戲劇等，因此，詮釋工作本身也是在協助知識因的演化。之後，

在此以東西方醫學發展案例來簡述及分析有關知識因的物競天擇現象，以及比較知識因與基因、瀰因（meme）三者之關係。

在第四章最後，進一步討論的是人類基因的終結為何？知識因是否產生自行演化。知識因不僅協助人類基因的演化過程，也修補了基因之不足，甚至在未來也可能取代人類基因而自行演化，像是：人工智慧等。因此，知識因與基因之間同時是相互競爭與合作的現象，知識因對於人類基因的作用，包括：合作、輔助、改變、取代，甚至影響生物發育及調控遺傳訊息的DNA，本身便是以蛋白質進行編碼的知識因（不同的數目，序列及編碼），因此，生物基因的演化，也宛如是一場被編碼的知識因演化過程。

在第五章「知識鏡像」（knowledge mirror）理論」中，開始回溯在這個世界的知識是一再變動及演化的過程，然而，無論知識如何演化，人做為一個知識的主體，我們應該如何面對愈來愈大量、快速變動的知識演化現象。因此，我們會發現無論知識一再變動，卻有一個自古不變的現象：「因果法則」。

因果關係不僅出現在科學知識領域中，像是：探索有關生物學、動植物學、自然環境及氣候學、物理學及量子物理學、力學、天文學、地球科學、地質學、化學、資訊學、科技技術等科學，都是在探討因果現象。生活中的宗教，也是討論人類與世界（果）的起源（因）等而有不同的說法。我們在日常生活的活動中也是如此，像是：生病看醫生是由症狀（果）來判斷病因（因），或是在人與人相處中，也會好奇自己或他人（果）是從哪裡來（因），而產生身分認同及根源依附等現象。

之後，論述在變動演化的知識因、以及不變的因果法則之下，擁有知識的主體及其主體性為何。也就是，吸收、學習及運用知識的主體是「我」，但是，由於「我」是知識的產物，知識又是社會的、社會變動的，那麼「我」究竟是誰。

　　因此，在此先分析「我」及所擁有的知識，將形成在社會上的「知識資本」（knowledge capital），且不同的知識主體擁有各自的知識資本，而知識資本是個人在其社會化的過程中，透過不斷的學習知識所累積而來，因此，個人的知識資本在此又可以分為：知識內化、知識外化、知識制度化等三個層次加以分析。此外，在因果不變法則之下，卻由於每個人在其社會化過程中，因為不同社會階級及位置等，而能接觸到的知識類型以及知識的詮釋內容等不盡相同，進而產生個人的知識資本及其差異，並影響每個人在物競天擇的環境中，各自擁有不同的優劣條件。

　　由於「我」是知識的產物，當生物性（受到「基因」條件的影響）的「我」，出生後透過對當時社會中各種知識的學習，逐漸變成社會性（受到「知識因」互動的影響）的「我」。以Lacan的「鏡像」（the mirror）理論來說，我們早在幼兒時期已經被周遭所反射的影像所異化，因此，主體的特性（主體性）是在一連串社會化學習的結果。

　　之後，在此主要反思主體缺席的當代社會文化理論，從反思結構主義對於主體參與的缺席，像是：Saussure所提的符徵及符旨結構，與Lévi-Strauss（1974）結構人類學（structural anthropology）的「二元對立」等，以及在後結構（解構）主義的發展，是基於反對結構主義過於強調客體結構而忽略主體的能動性及參與等之下，提出了後結構（解構）主義。

　　然而，後結構（解構）主義中的主體及其主體性，卻是因為對抗了結構而存在，像是：Derrida（1982）所提「延異」作用，以及Foucault（2016）認為沒有比「理性」這件事情更令人感到瘋狂，或是Foucault認為人是特定知識的產物，而知識卻是權力運作而成，因此人已死，「人將被抹去，如同大海邊沙地上的一張臉」（Foucault, M./莫偉民譯，2016：505-506）。

　　另外，在此同時反思了「反身性」（reflexivity）實踐。雖然在「知識反身性」（Knowledge reflexivity）的社會行動中，我們在從事知識的

行動時，會在原有的知識脈絡中，預設行動即將會產生的結果，像是：投資理財等再展開行動。但是，即使我們在既有的結構中展開行動，只是一再地重覆修正、反身、再反身、再再反身而已，並且永無止盡、終其一生、令人不安。

本書最後，以一個「知識鏡像」（knowledge mirror）理論來回應如何面對各種知識因的演化及變動的知識世界。在此內文中，再次論述與反思各種被知識所牽制與異化的主體性，以及討論在客體以外的本體性是否存在（或存在過），我們發現所有一切知識，無論其不同的知識型、各種領域、功能作用等等，都會以「能（subject）、所（object）、主體（覺知者，witness）」三者條件才進而存在。

舉例而言，就如同結構主義也是這種構成：「能結構、所結構、被結構的主體」，或是解構主義為：「能解構、所解構、能動的主體」。同樣的，「能知、所知、主體」三者則構成知識的要素，因此，我們對於在現實世界中，對於各種知識理解也是架構在所知的脈絡中，去理解能知的部分，而且有一個正在感知的主體，否則知識並不存在。

是以進一步分析，一切事物本身的構成為「能、所、主體」等三者，不僅在形而下的實質物質為基礎，像是：光的投射（能）、反射的對象（所）、看見的人（主體）等三者才能構成被觀察到的顏色、能測量、分析等等物質世界的現象。或是，在形而上的心靈方面也是如此，像是在《聖經》的《創世記》中：神（主體）說，要有光（能），就有了光（所）。或是在我們一般人日常生活中，我（主體）用什麼方式出去（能看），世界就是那個樣子（所看），我們所面對周遭一切事物皆是如此，而且主體的重要性都高於其他二者，二者都只是主體性的能力與延伸。

最後，我們回到一切外在客體剛開始影響主體並產生主客易位的時候，也就是，主體最早開始逐漸被客體給異化的階段。Lacan所說「鏡像階段」（mirror stage），在6至18個月幼兒時期，我們逐漸對外在世界有

了反應，透過外在世界對主體的投射，而形成了「我」（主體）及「我是誰」（主體性），因此在此時期開始產生了主客易位的異化現象。因為，這個「我是誰」是由周遭一切事物反射而產生，並且一方面社會化明確了、但也同時限制住了「我是誰」的能動性。

然而，在此時主體並未缺席而是同時「正在現場」，因為缺少了主體的參與，「能我」及「所我」二者無法成立。當我們在幼兒時期，開始辨認這個周遭世界的「鏡像」階段中，逐漸讓我們習以為常，而這些外在世界的鏡像反射使得我們原本的主體性一方面受到社會「教化」（知識化過程），也同時一方面受到了牽制、限制、甚至蒙蔽了原本更多其他的可能性。

因此，被異化的個人「主體」，其「主體性」應該回到像是一面清澈、透明的鏡子特性。每個人的個人「主體」在參與、學習、運用各種知識之際，同時了解一切外在世界是各種知識因其一再變動及演化的現象，個人「主體性」應該如同一面清澈、透明的鏡子，在日常生活參與其中，並且同時反映知識呈現的影像。

關鍵字：知識因、知識演化論、知識正確、知識態、主體、知識鏡像理論、知識社會學

目錄

圖目錄

第一章　知識起源與歷史脈絡

壹、知識起源：人類爲了生存的勞動

一、知識起源於人類求生存的勞動

「需求爲發明之母」，知識因此而生。

在剛開始有人類出現的遠古時期，人們不僅在日常生活中爲了每餐所需的食物而勞動，例如：對於火的發現及使用、將石頭敲磨成刀、削尖樹枝製成長矛等等，以及用來狩獵與防身的工具、武器，或是爲了方便搬運及逃難而發明圓形的輪子，甚至後來進一步發展出各種農業技術、捕魚工具、養殖及狩獵方式等更爲複雜的生存知識[1]，如此才能自我生存及延續後代。

---

[1] 知識起源於生存的勞動並逐漸複雜化形成知識系統，例如：「農民曆」源自於中國古時對於稻米的生產活動，在從事有關稻米的播種、生長到收割的過程中，365天加以觀察記錄稻米本身、稻米與天地之間的關係，像是多至、夏至等24節氣，長期累積成爲在地知識與智慧。更進一步加入其他方面，並複雜化發展成爲適用於各個社會階級的一套生活知識系統，像是：擇日學，每天適宜從事的活動及禁忌，成爲廣大人民其在每日的日常活動中，所參考或指導的生活原則。例如：圖1-1所示，是在2018年1月28日臺灣宜蘭所拍攝農田水景，當日是「農曆2017年臘月十二日，屬雞，四柱（即生辰八字）：年柱丁酉，月柱癸丑，日柱庚申，宜：納采、訂盟、祭祀、求嗣、出火、塑繪、裁衣、會親友、入學、拆卸、掃舍、造倉、掛匾、掘井、開池、結網、栽種等，忌：祈福、嫁娶、造廟、安床、謝土。（農曆查詢，2018）」。因此，那一天農民曆顯示是適宜「栽種」的好日子，十分有趣。

圖1-1　（2018）農民曆其實是以稻米生產爲基礎的知識學而圖中當天顯示適宜「栽種」

　　另外，人類也為了要面對在自然環境中經常不定時發生的地震、風災、水災、旱災等天然環境災害及變數，以及為了求生存需要在野生環境中對抗各種野獸、昆蟲等的侵襲，也要抵禦其他族人、外族的武力攻擊。由於長期在原始的惡劣環境中，為了對抗環境、自我求生存及繁衍後代等需求之下，在生存的勞動之中，發展出各種知識，並累積形成智慧，除了自我得以存活、繁衍後代子孫之外，甚至也因為掌握一些知識的優勢之下，因而在各個歷史階段中，發動過無數次的戰爭、攻擊他族奪取他人資源。

　　分布在各地的人類，由於面臨大自然等一切環境所供給的條件，以及在生存所需的資源相當有限之下，為了自己的生存展開各種勞動，並因此發展出了各種的知識。也因為如此，知識的領域為無所不包，涵蓋在人類生活所需要各項食、衣、住、行等活動之中。雖然各種知識在各地可能因地制宜發展而有所不同，然而知識的共通起源是基於人類求生存的勞動過程之中，並且不斷的累積及一再創新，知識逐漸複雜化、系統化，存在於個人、家庭、團體、組織、社會等各個單元。

二、知識的演化論觀點

　　由於人們從生存勞動中發展知識，累積愈來愈多的知識可以增加自己生存的優勢，但是，當知識愈來愈複雜，需要被周遭親友、族群、小孩擴大使用、分享傳遞、或累積為智慧的需求之際，於是出現了肢體動作、話語、圖像、文字等等，以及後來發展出整個人類的文明社會。換個角度說，我們所創造的各種符號、記號、圖騰、語言、文字等等，起初是為了傳遞、複製、學習知識而被生產出來，並用來做為生存的生活勞動之用。

　　從演化論的觀點來看，人類作為生物界的其中一種物種，卻十分有別於其他生物，也就是知識在人類的演化過程中，與生物物種不同而扮演著極為重要

的角色。用另一個角度說，運用達爾文的「物競天擇」概念，其中，「知識競賽」在人類的優勝劣汰「物競」中扮演極為重要的關鍵，將知識用於「物競」之上，便是一方面學習自己生存的技術、工具使用等等知識，成為過人之處，並成為與其他人展開競爭的重要能力。

　　而「天擇」則除了適應外在的自然環境之外，也包括對各種知識在不同地方及時期形成的文明社會其人為環境條件與特性的適應情形。另外，「天擇」除了說明人類自身條件及運用知識來適應當時的環境之外，更進一步還演變出不同人類社會對於各種「天」的定義，也就是有關對於「神」及其「天擇」方式的各種陳述與看法。也就是說，人類由於知識之故，克服某些大自然對於其他生物的「天擇」之外，人類社會也因為「天擇」而在不同的時間、地方、種族及群體等衍生發展出各種信仰以及宗教，在各地形成各種講述「天」（神）是誰、如何「選擇」、「天」與「人」的關係、「人」如何與「天」相處的相關知識[2]。

---

[2]　站在知識的角度來分析人類社會「物競天擇」論，其中有名的案例就是「印加帝國的滅亡」。大約在1532年西班牙特使及士兵們進入印加帝國的領土時才僅僅一百多人而已，由於印加帝國人民眾多且強大，但是當時並無馴服馬匹的知識，看見騎著戰馬的西班牙殖民軍時，簡直就是看見天神，西班牙使者手捧《聖經》要他們歸順基督教，但當時印加王將《聖經》扔在一旁，說：「我們只相信太陽，不相信上帝和基督。」，於是開始產生軍事的衝突。槍砲巨響產生巨大威嚇作用，帝國疆域雖然遼闊，但印加武士的裝備僅是石頭、木棍或木棍棒等，迅速被推翻，讓西班牙人運走大量黃金（趣歷史，2016）。也就是，印加帝國的太陽神及多神論，被一神論信仰給澈底打敗滅亡，有趣的是，如此歷史被後代有心人士轉載傳說，是因為印加帝國不相信上帝，才會滅亡（郭曄旻，2017）。如圖1-2、圖1-3、圖1-4所示，為當時印加帝國首都庫斯科（Cusco）城市。（資料來源：2015年秘魯Cusco的現場田野調查記錄。）

圖1-2　（2015）印加帝國史首都Cusco世界文化遺產城市鳥瞰　　圖1-3　（2015）因精湛軍事技術稱霸南美而圖為印加帝國的練兵場　　圖1-4　（2015）印加帝國城堡嚴絲合縫切石技術終究抵不過西班牙人的軍事知識

三、人類歷史宛如一本知識史

需求為知識之母，人類知識從遠古時期的生存勞動中，逐漸複雜化發展出一套演化史，從原始社會、農業社會、工業社會到後工業社會，在不同階段、不同地區、不同族群等皆有其各種不同的知識的類型、關係、過程、系統、結構等動態發展。

因此，人類的演化史也是知識的演化史，或者是人類社會的歷史就是知識的發展史，也就是各個時期不同地方的人們，如何運用他們在當時所相信的信念與實踐出來的樣貌，而人類的文明史就是各種知識在各階段的發展過程與結果。像是：以居住來說，從為了舒適、方便覓食、防止野獸攻擊、避難、繁衍後代等生存需求開始，逐漸複雜化形成對於建築物如何蓋才能堅固、美觀，需要太陽溫暖的日照但又不能過強而被烤熟的熱環境知識；對於光線有所需求但又不能太亮的光環境知識；考量不能悶熱需要散熱但又要避免強風吹襲造成破壞的風環境相關知識；或是對於聲音的隔音或傳播需求等各種音環境的知識，一直到現在各種空間設計、營建工法、材料、構造、結構、物理環境及設備、防火及逃生避難等專門知識，而形成所謂的建築學科目學門。也就是，建築學是一門有關人類空間需求方面的知識學[3]，而建築史是一本整個空間知識的發展史。

同樣的，服飾穿著也是如此，從剛開始人們需要保暖、蔽體、避免受傷、方便行動等知識，逐漸發展成複雜的穿著及配件，以及在社會化的過程中，產生更多需要配合社會賦予的特定時節、禮儀、風俗等，在不同的場合穿著不同的衣服及裝飾的相關知識。而在現代的資本主義社會中，到處都是各種流行時

---

[3] 人類對於空間使用的需求，從剛開始需要一個安全的「窩」，發展成為複雜的知識內容，像是：位在安那托利亞高原的卡帕多奇亞（Cappadocia）的凱馬克利地下城（Kaymakli Underground City），如圖1-5、圖1-6、圖1-7所示，在當時便是利用大自然環境給予的克斯特地形條件，加上避免敵人攻擊的需求等，於是挖掘坑洞變成一座巨大的地下城市，成為全世界著名極具建築特色的世界文化遺產。（資料來源：2014年在Kaymakli Underground City of Cappadocia的現場田野調查記錄及分析。）

尚服飾裝扮的知識，也就是，服裝史是一本有關穿著的知識史。

飲食更是如此，剛開始是爲了生存繁衍後代而需要食物，進而產生各種覓食等吃的知識，從吃什麼到後來產生了如何吃的各種知識，甚至進一步產生哪些食物應該給誰吃，或在什麼時間及場合中應該吃什麼的知識，後來甚至出現的大眾流行飲食、時尚料理等，食物從剛開始的覓食知識到後來複雜化成爲各種飲食的知識，而食物史就是一本飲食相關知識的發展史。

圖1-5　（2014）土耳其Kaymakli Underground City在地面上十分隱蔽看不出其地下城市的龐大規模

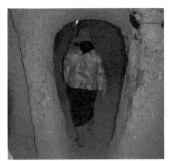

圖1-6　（2014）進入地下城市時都需要低頭縮小身軀並設有機關阻礙敵人的攻擊活動

圖1-7　（2014）因此處牆面燻黑考證疑似Kaymakli Underground City一處重要的廚房空間

貳、知識「神」說

一、「神」生產了人的知識？

在原始社會中人類為了生存，在各種勞動的活動之中，一方面生產出自己可以在生活中掌握的各種知識，一方面則是要面對經常出現在生活中，卻無法掌握的許多現象，包括：由大自然力量所產生的異常氣象、對於未來的無知與恐懼、死亡或消失而感到焦慮，於是在不同各地的各種族群，人們更是需要發展出一套解釋人類在當時無法掌握的力量，來產生穩定社會秩序，並且合理化、完整化、看得見與看不見的整個世界[4]。

然而，這些起源於人類無法對抗的力量及對於答案的需求，卻又必須用當時人類的眼光來合理解釋這些現象，擁有這些答案來穩定社會秩序，不會造成

---

[4] 對於位在北極圈的居民來說，生活中在廣大天空中一再出現的極光現象，需要在現實世界中被合理解釋，於是在北歐諸國產生了名為Aurora的極光女神及其相關知識，或是在芬蘭人原住民認為是狐狸尾巴在山上奔跑濺起的雪花。不過，在北美洲，如圖1-8所示，為加拿大黃刀鎮的原住民帳棚及極光，而Inuit人等不同種族的原住民，則認為極光是鬼神引導亡魂上天堂的火，或是認為極光為神靈現身等現象，用以合理化解釋在現實世界中出現的各種現象。（資料來源：2018年在Yellowknife的現場田野調查記錄及分析。）

圖1-8　（2018）北美的極光被原住民解釋為神靈
現身及引導亡魂上天堂的火

民心動盪，甚至於當時上層統治階級需要善用這股需求的力量及被解釋的答案，鞏固與達到自身利益等。又由於這股力量遠遠超越人類而存在，因此，在每一個地方都出現各式各樣的「神」，並衍生擴大出和此「神」相關的知識，甚至因為超越了人，因此「神」的知識以「真理」的角色呈現在當時人類社會之中，尤其以該「神」中心所生產的相關知識，愈來愈加複雜化、系統化的發展，在世界各地出現了各種不同的宗教。

自古以來，許多知識的起源一直跟被塑造的神有密切之關係，許多知識以神為中心，並環繞逐漸發展成為神的相關知識系統，且綿密地連結到每一個家庭、每一位民眾的各種日常生活之中，甚至在日常生活無時無刻都是「舉頭三尺有神明」，有一股力量正看著你所做的一切行為。

另外，最極致的知識為真理，然而人們被認為一直是不完美的、有各種缺陷的、是平凡的、你我應該平等一致的，所以，真理如果存在，應該是超越凡人所能思考的，甚至如果是真理，必定是永恆的並且超越了人的存在，因此這應該是在人類出現之前便早已存在，而且當人類消失時也不會不見，如此，我們要如何解釋這股超越人類所有一切的對象，那麼必定有主宰、有「神」、有真理。而且，真理之所以稱為真理，便不是由人能產生與改變，所以，真理是「神說」[5]。

因此，在過去世界各地很多知識，起源於以神為中心及其生產出來的知識系統，也就是，將原本的抽象信仰，具體描繪出神的樣貌、祂的世界與祂如何看待現實世界的各種現象等，並且社會化成為宗教。基於對神的解釋產生特定知識的特質，並同時產生相關各種知識內涵、分類、界面、關係等，以及整體

---

[5] 知識「神說」最具代表性及經典的案例是：「笛卡兒循環」（Cartisian Circle）。笛卡兒「他主張清晰明確的概念是不可能懷疑的。因此，當我們擁有的概念是清晰且明確的，我們擁有關於那概念的知識。……由於我們所擁有「上帝存在」概念是清晰明確的，因此我們擁有關於上帝存在的知識。既然知識涵蓋真理，他因而證明了上帝的存在。」（彭孟堯，2009：130-31），而同時笛卡兒也主張知識的懷疑論，透過懷疑來確認知識是否存在。他在「沉思四：論真理和虛妄」中，認為上帝是絕對真理，我們為何會犯錯是來自於上帝並沒有給我們明辨是非的能力，來合理化人世間產生的各種無數的問題（笛卡兒／周春塘譯，2015）。

的世界觀與架構等，用來清楚地認識神本身的特質，以及由祂（或祂們）所對應、所領導的那個人類世界，因此完整化了整個人類社會的知識體系，例如：像是在這個現實世界上，我們究竟從哪裡來？又將去向何處？或是，以該宗教信仰的精神特質，去解釋在現實世界生活中發生的各種現象。如此一來，生產出一套人類需要的、完整的知識系統，即使面對生活中新發生的現象，都會有「人」出現運用該信仰本身的精神特質，重新詮釋並加以補充其合理化，於是讓「神說」更為圓滿、完美，且更為完整的連結進入社會大眾，及要面對各種情況動態的日常生活之中。

由於對於不同神的信仰，在時間方面，各地有許多不同且具有特定知識價值或意義的時間點；在空間方面，由於不同神有自己的特質，神所居住或降臨等有關的場所，便生產出神聖性，這些空間像是：寺廟、祭壇、高塔等的建築樣貌，也在描繪這些不同的神及其特質。而對於神所描述的空間及時間，與我們自己活著的時空，二者結合化為完整的時空，並區分出日常活動的神聖性與世俗性等性質，像是：屬於神明慶典的時空及活動、鬼怪的時空及活動方式等。

並且基於對於神的信仰內容產生當地人類與環境之間的整體關係，對於神的信仰記錄逐漸複雜化產生了語言、圖騰、繪畫、文字、文學相關知識；對於神的歌頌生產了歌唱、音樂等領域的知識；對於神的膜拜儀式生產出特定禮儀、舞蹈等方面的知識；而由神交代給人要遵守的內容，則生產出在日常生活中的禮節、規範、價值等，並因此管理了社會的集體行為，穩定了社會秩序，同樣的，也因此在歷史上造成無數的社會（宗教）衝突。

二、人的「生死」生產了神知識

就如同上述，在原始社會中，我們知道出生及死亡本身是一再出現、不變

的眞理，我們雖然看不到自己在出生前及死亡後的景象，但是卻可以一再看到所有生命都要需要面對生死課題，並且在還是活著的時候，就想要知道另一個未知的世界爲何，於是在社會上便需要對這個世界進行交代與描繪。也因此，發展出對另一個世界（無論稱爲天堂或地獄等）去處的知識，與目前生存世界的知識等，二者結合才能成爲人類所需的一個完整世界的知識。

　　另外，再加上我們所處活著的世界之中，有許多是憑藉著自己的力量所無法掌握的未知力量，像是：每一個人都會死亡但是卻不知道何時會死亡，或是大自然中存在著超乎人類的原始力量而具有強大的孕育力及破壞力，或是每一個人都不喜歡危險、黑暗以及恐懼，但是在生活中總是會遇到且不知何時來臨等太多不確定因素，於是在許多的社會功能及社會需求上，產生了超乎自我力量、需要加以崇拜的「神」[6]。

　　於是，在以「神」爲中心所環繞的知識，經常描繪有關「神」是什麼？以

[6] 由於全世界各地都可以看見太陽，並且無法忽視太陽的威力，於是，在全世界各地都有「太陽神」的崇拜信仰，而且對同樣都是太陽神卻有著完全不同的陳述。例如：古埃及所崇拜的太陽神，並形成以太陽神爲中心的各種知識系統，其神聖空間並發展成各種著名的太陽神殿，如圖1-9、圖1-10、圖1-11等所示，是古埃及人獻給太陽神Amon的Karnak神殿，並由太陽神信仰同時獻給Montu神及長相爲禿鷲的Mut神。由於古埃及人相信一切生命都是由太陽神「拉」（ra）所生出來，也象徵光明、溫暖、生命等，而「拉」主掌了一切，能力超越了古代埃及人的力量，而需要加以崇拜，然而過去神聖不可侵犯的、對神的信仰，目前早已變成一種埃及的特色文化。（資料來源：2012年在埃及Karnak神殿現場的田野調查記錄分析。）

圖1-9　（2012）埃及Karnak是Senusret一世統治時期獻給太陽神Amon的神殿

圖1-10　（2012）埃及Karnak神殿中太陽神賜予法老王生命智慧鑰匙壁畫

圖1-11　（2012）埃及Karnak已經從不可侵犯的「神」信仰聖地變成熱門文化旅遊勝地

及「神」之所以身爲「神」，其超乎人們的力量又爲何？以及如何成爲臣服者需要遵守的規定、教條爲何？換句話說，以「神」爲中心逐漸發展成爲一整套知識體系，並且還能在社會上用來區分其「合格」與「不合格」的信仰者，也以此做爲社群身分認同及凝聚爲生命共同體等功能之用，並且綿密地進入每一個人的日常生活之食衣住行等各方面的活動之中，以其整套的思想體系及豐富的知識內容做爲外圍社會化過程以及訓練內部核心信徒所使用。

　　由於在不同時期的社會中，都會出現以當時所認定的「神」及以其爲中心思想的核心基礎之下，發展出一套技術及手法都十分高明的「神乎其技」知識系統，加上從物質層面來看，每一個身體都會歷經出生與死亡的不變事實，以及不可抗力的因素過多等，因此在不同時間與空間中的各種族群「希望」有神的存在似乎也成爲一件眞理。然而，無論如何，由「神」爲中心發展出來到日常生活之中的各種知識系統，讓當時的社會成員們不會因此產生不安與恐慌等，也讓整套知識系統顯得更爲完整[7]。

---

[7] 基於超乎人類無法掌握的大自然力量，於是各地人類描述了神的存在，並將現實世界與神的世界二者合爲完整的世界，讓人們知道我們從哪裡來、未來又去向哪裡等，甚至以這些信仰解釋在現實世界的日常生活中，所出現的各種現象。像是如圖1-12、圖1-13所示，爲西藏拉薩布達拉宮博物館內現場的「15世紀八瓣蓮花大威德金剛壇城像」銅鍍金文物，所展示的是掌管聰明智慧的憤怒尊之曼達拉（壇城）。而曼達拉其意爲佛的居住地，屬於淨土、樂園，也有別於在世間中，充滿七情六欲被汙染的滾滾紅塵，從佛學的觀點，涅槃之地屬於圓滿清淨世界，而輪迴之地屬於目前你正存在的現實世界，然而，二者共同完整的陳述了人類的世界。（資料來源：2012年在西藏拉薩布達拉宮現場的田野調查記錄分析。）

圖1-12　（2012）布達拉宮博物館展示的「15世紀八瓣蓮花大威德金剛壇城像」文物

圖1-13　（2012）此為大威德金剛的曼達拉是本尊的所在表示壇城淨土

三、做爲「神」的他者（the others）：「魔鬼」的知識生產

由於生產了神的知識，所以神無所不在且無論神的愛心或是憤怒，都被描述是「正面」的相關知識，但在某些時候卻無法完全說明，原有的這些神知識無法解釋在日常生活中出現的許多現象。由於神的知識是「正面」的，因此，同時生產出神知識的另一個反面，便是爲「魔鬼」及其「負面」的相關知識內容，由於出現「魔鬼」的知識，如此更能讓原本以神爲中心的知識系統更爲完整。也就是，依賴著神知識的邊界與反面來創造出鬼知識，而鬼知識的出現讓神的知識體系更加完備，且較能完整地解釋在這個世界所遇到的、各種非所信仰的神，所能主導的各種狀態（原來是魔鬼在破壞），並且進一步需要更堅定的信仰、更多儀式活動、甚至獻祭等，來請求神的保護[8]。

因此，許多鬼知識內容的來源和神知識的反面，都還是被收編於神的知識系統之中，也就是，鬼知識是在神知識的「他者」（the others）化過程中被生產出來的。鬼知識的功能是用來烘托原本的神知識，彌補原本神知識的不足，並同時再從邊緣處回來一起協助以神爲中心所建構的、更完整的神知識系統。

另外，爲了透過知識系統建構出神的存在性，在各種不同的神知識系統中，除了描繪了神本身其不可見或是可見的樣貌及穿著等，也同時生產出相關神、鬼其居住的所在地之位置、規模、場所內部各種景色或特徵等，以及透過神的知識如何看待其所對應的鬼，就如同在社會上看待信仰者與異教徒之差

---

[8] 神知識的邊界與反面被生產成爲鬼（魔）知識，合爲完整的神知識系統，如同撒旦對應著上帝、地獄對應天堂、夜間對應白天，我們一方面宣揚「光明」，又一方面揚棄「黑暗」。然而，如圖1-14、圖1-15、圖1-16、圖1-17等所示，位於以色列重要的耶穌復活之聖墓教堂，死亡象徵黑暗，耶穌從死亡中復甦，象徵無懼於惡魔與苦難並走向光明。「復活節是基督教獨有的日子，這日子叫整個歷史改觀，耶穌復活，撒旦失敗，死亡不再可怕，得永生之門開啓。有主的復活，我們才有希望，我們的人生才有指針，知道如何生活。（黃彼得，2018）」。「復活」是一個神聖化的重要關鍵點，也象徵一個穿越黑暗邁向光明希望的新時代即將來臨，也因此在之後發展出了基督新教的信仰。（資料來源：2013年以色列之聖墓教堂現場的田野調查記錄分析。）

別，並因而在人所在的世界中，設立一套從人類起源、信仰及一切生活知識、死亡去處等人類生命一切所需的完整知識系統。

四、「儀式知識」是具體化對神的抽象信仰

在社會生活中，對於神知識中所描繪神的樣子，被以各種材料所具體化成現出來時，這些物質材料已經脫離了物質而生產出了「神聖性」的靈光（aura）[9]。另外，由神所存在的社會空間變成神聖的場所，由於其神聖性質

圖1-14 （2013）以色列之聖墓教堂朝聖之地

圖1-15 （2013）聖墓教堂內部中間狹小穿堂空間

圖1-16 （2013）聖墓教堂穿堂中間的蠟燭象徵光明與祈禱

圖1-17 （2013）聖墓教堂耶穌復活石棺側上方祭壇

[9] 就如同將兩根木條交叉並裝訂成十字架，或是木頭雕刻成某些宗教其經典所描繪的神像的樣子等，木材已經不是木材本身（其他金屬、泥土、圖片、甚至影像等各種媒介亦是如此），而是具有神聖知識的對象。另外，在

故而神聖場所中充滿各種應該做及不應該做的各種守則及戒律，並以神聖空間禁忌來彰顯且區分出神的場所。除了一方面生產出神的核心與邊界等相關內容之外，在神聖空間中對於神的推崇與敬仰則進一步細緻化、具體化成為儀式知識。

　　儀式知識就是對於崇拜神的具體化實踐，而儀式的順序便是神知識實踐在人世間的過程。儀式知識的功能做為具體呈現神的存在及其特徵，由於信仰本身過於抽象，而儀式使其具體化及生產出感覺到的真實性，另一方面，儀式知識的功能性也能做為與神相互連接的功能，也就是將對神的「先驗知識」轉為「經驗知識」[10]。

　　然而，這些儀式的知識不僅僅出現在宗教有關的聖地或神聖事物當中而已，而是外溢到我們其他日常生活的活動之中。在日常生活中隱藏著許多宗教或信仰所衍生出來的價值、意義或規範等，除了伊斯蘭教信徒每天需要向麥加方向朝拜5次，當時間到了則需要放下手邊工作，淨身跪拜完成儀式。又例如：韋伯所寫的《基督新教倫理與資本主義精神》，就是說明基督新教的信仰與資本主義興起之關係，例如：上帝不是只存在於教堂中，而是在日常生活之中比比皆是，而在飯前的禱告儀式，更加說明努力耕耘工作得到豐收，榮耀上帝並期待獲得救贖。或是，在佛教中的「供養」（及「布施」）知識，影響華人世界、亞洲社會在一般人日常生活之中經常出現「捐錢」的供養行為，透過「捐錢」儀式具體實踐並連結自己的抽象信仰。又好比在道教的民間信仰中，

此借用Benjamin使用的「靈光」（aura），原本Benjamin對於「靈光」是認為原作本身外層具有一層靈光，這是複製畫無法擁有的（Benjamin, W. / 許綺玲譯，1998）。在這裡指出由於宗教論述的某些神力，使得某些空間、時間、或事物等不再只是平凡庸俗，而是擁有了一層不一定人人都有辦法體會，唯有相信者才會認同的、超凡入聖的靈光。就如同圖1-14、圖1-15、圖1-16、圖1-17所示，為以色列耶路撒冷古城中的聖墓教堂，對於基督新教的教徒來說，這是耶穌死而復活的地方，充滿神聖靈光。（資料來源：2013年以色列耶路撒冷現場田野調查及分析）

[10] 在此所提出的「先驗知識」與「經驗知識」之概念中，「先驗知識」指的是自己尚未經驗到的任何知識，而只是由各種來源及聽說；「經驗知識」是自己體驗過並轉化成為自己所經驗到的知識。然而，自己所經驗的「經驗知識」並不只是呈現在外在行動之中，有時候「經驗知識」也包括在新知識進入內心之中，與過去自己所經驗的背景知識相互影響及融合。

經常會被提起「舉頭三尺有神明」、或是「人在做、天在看」等等，這些都會影響一般民眾在社會中的日常生活行為，也不是旁邊並無其他人就可以為所欲為做出其他違反神的任何事情。而上述案例，都是一再說明以神為中心所論述出來並細緻化成為一整套知識系統的宗教，如何潛移默化地連結到社會成員其每日的生活之中。

許多「神說」知識起源於人們的未知，之後發展成信仰，以及更為複雜化與系統化成為各種宗教知識（也就是，神的知識，其發展是從未知、信仰、宗教化的過程），並影響日常生活相關知識。然而，其中以儀式知識的重要性遠遠超過了抽象信仰本身，其影響的不只是宗教內部的信眾而已，更影響了當地的社會大眾及其日常生活。儀式知識可以將原本的抽象信仰本身，轉化出龐雜且具體的知識系統與各種豐富的內容，滲透並融入到民眾們的日常生活活動，不僅讓抽象信仰具體化成為可以每日感覺與接觸到的日常，也潛移默化地影響社會大眾許多社會行動。

五、神（或鬼）的「禁忌知識」是社會價值與規範的延伸

在社會上許多上層階級為了管理社會大眾，於是在神或鬼的知識中加入社會管理所需的內容，讓這些內容能潛移默化進入社會大眾自己的日常生活之中，由社會大眾自己管理自己，不僅讓民眾不會直接感覺到上層階級直接的社會控制手段，這些禁忌與故事反而因為融入生活中，而成為各地其日常生活特色的一部分[11]。

---

[11] 以論述「神」及其對應的「鬼」，來共同管理人民的日常生活是經常使用的工具，例如：在中華傳統文化中，正式受到政府管轄有城牆圍繞的都城，經常會同時設置城隍廟，而城隍爺就是管理夜間妖魔鬼怪的神明，像是在臺灣許多明清時期設置的府城，也同樣會設置城隍廟，白天由政府官吏統治領土，而在夜間則由城隍爺出來管理府城疆域，並因此安定了夜間的社會秩序，而晚上也出現特別多的禁忌，像是：最好不要出門以減少犯罪問題等。因此，城隍爺管理的不只是孤魂野鬼，而影響了一般民眾們在夜間的生活。

　　反映在神或鬼的禁忌知識之上，在空間方面，神的空間反應出崇拜、謹慎、嚴肅、威武等敬仰的「靈光」（aura），像是：不同信徒們所相信的各種聖地、廟宇、寺院、教堂等神聖空間，尤其是神聖空間內的核心之處，像是：祭壇、神像、聖物處等。然而，在鬼的空間中，則反映出應該遠離、避免、阻絕等要被隔離的「靈光」，像是：鬼屋、墓園、鬼森林等。

　　例如：同樣都是棺木，而在西方國家各地在許多大教堂之中，包括：天主教、基督教、伊斯蘭教等許多大型教堂內部會埋葬著寺院的主教，或是甚至將這些人的屍體陳列在教堂內部讓民眾膜拜、敬仰，而教堂因為存在這些棺木而生產出神力的「靈光」。這是因為這個宗教在當地為重要的宗教信仰，因此其神聖性能被社會大眾肯定，其功能性為能撫慰信徒的心靈、安定社會秩序。但是，反之如果是一般鬼魂就會出現完全截然不同的現象，像是：在墓園中便會出現各種鬼怪傳說。因此，在一整套的神知識系統中，教堂之類的神聖空間（包括：聖者的墳墓）成為中心地景，而墳墓區為社會邊緣的死亡地景之「靈光」[12]。

　　另外，在時間方面，會衍生出一年（甚至一日）當中的神聖時間以及鬼魅時間，隨著一年四季的時間揭示人們在一年四季之中應該做那一些事情，又例如：每日太陽升起光明如同神的降臨，夜晚黑暗如同鬼魅的時間等，或是每一天都是日復一日的白天升起太陽，而晚上升起月亮的天氣情況；因此，突然出現的日蝕或月蝕便需要被解釋及處理，以免產生大眾恐慌而造成社會危機。這就如同在一般穩定的社會之中，突然爆發不尋常的事件一樣，需要「被合理」

---

[12] 由於神的知識賦予了許多人、器物、空間、時間等的神聖性，而這些對象反而能回來一再「具體」證明神的存在，並能撫慰信眾們的心靈及安定社會秩序。例如：同樣都是棺木或墓園，但是，由於殉道者的棺木或墓園，被後世人賦予其神聖性，進而產生庇佑特定領域、家園疆土、人民、牲畜及財產等的力量，而有別於一般人（或被對照為異教徒、或妖魔鬼怪等）的墳墓，因此，在現場的信眾們會倍感神的慈愛與溫暖之正向能量，而不會感到負面的黑暗、恐懼及害怕。就如圖1-18、圖1-19、圖1-20、圖1-21等所示，為位於梵帝岡的聖彼得大教堂，及位於內部中心其主教聖彼得的葬身墓地，來自於全世界各國在現場的人們，因為聽到所敘述的神聖知識，不僅不會感到畏懼，還能因為親臨現場更受到神的憐憫與庇佑。（資料來源：2013年梵帝岡之聖彼得大教堂現場的田野調查記錄與分析。）

的解釋才能穩定社會秩序。

也就是，因為這些社會民眾們的需求，因而讓在當時社會所公認並具有說服力的這類知識之生產集團，由各種統治階級加上擁有知識權力的人士，像是國王、君主加上各期出現的軍師、星象師、祭司或巫師等，形成的神知識生產集團，透過被當時社會所公認的各種特定知識生產的儀式活動，像是：獻祭、問神、祈禱、卜卦、求籤等等，進而生產出各種解釋這些現象的知識，因此，這些知識具有一定的社會功能性，而儀式為神知識生產的過程及活動[13]。

圖1-18 （2013）梵蒂岡為紀念聖彼得主教被處死而設置的廣場

圖1-19 （2013）梵蒂岡教皇聖彼得的墓

圖1-20 （2013）梵蒂岡聖彼得教皇棺木上方的祭壇及華蓋

圖1-21 （2013）梵蒂岡聖彼得主教墓上方的十字架與安祥的天光

[13] 由於遠古時代太陽經常是崇拜的對象，穩定的日出日落為正常，但是當發生日蝕時，便需要「合理」解釋才能

　　而在社會生活行動方面，神鬼的禁忌知識，更是用來告示世人應該做出那一些屬於「對」的事情，然而這些所謂「對」的社會行動，其實是從過去前人所流傳下來的先驗知識，逐漸成為自己在生活中被經驗過的知識，就像是我們在日常中許多的風土、民俗、禮節等知識，用來敬天地祭鬼神，而讓自己在社會上有更好的發展[14]。

穩定社會，於是在各地出現各種自己的說法。例如：在中國傳說「日食是天狗吞食太陽造成的。有時這隻天狗會把太陽吞到自己的肚子裡。人們為了拯救太陽，便會敲響器以救之。據說響器的聲音大作，就會嚇得天狗把太陽吐出來。上至帝王將相、下至黎民百姓都對此深信不疑，於是便聚眾敲鑼打鼓、大放鞭炮，以轟走天狗、挽救太陽。（新唐人，2010）」。而在藏族「日月食都是羅睺星（藏語為羌久，護法神）所為，這個傳說的來源是古印度神話：羅睺星因偷吃了神仙的甘露，被日、月神告發，砍頭處死；而甘露使其起死回生，故而懷恨日、月神，每次攻擊這二神的時候就會形成日食和月食。（同上）」。另外，「納維亞人認為日食是兩隻天狼在互相追逐。而在印度神話中，人們把太陽的突然消失歸咎於一個魔鬼，認為是它把太陽咬了一口，造成日食。而印加人相信有一隻貓，能呼風喚雨，日月食是發怒的表現。古埃及人認為是一隻食日的蟒蛇所為，或因為想在天庭稱霸的禿鷹企圖奪走太陽神的光芒。而非洲一些民族認為太陽和月亮是一對戀人，他們追逐時就發生了日食。甚至在歷史上，某些戰爭時因為發生日蝕現象而和平停戰。（同上）」。

[14] 在臺灣的民間信仰中「拜拜」儀式，都有民眾以及出版社願意正式出版專書，告訴民眾們什麼才是「正確知識」，以及什麼是「禁忌知識」等。王品豊（2010）說「…拿香拜拜只能算是向神明請安問好而已，若真想求財、求桃花、求升官發財，還是得備足供品、行禮如儀，才能獲得神明加持之力。…，你知道該求哪位神明？怎麼稟告、怎麼拜？才能讓無形能量化為有形財富嗎？你知道拜拜時該準備什麼供品？有哪些訣竅可討神明歡心，讓你有求必應嗎？…拜拜的正確心態、有效的拜拜方法、以及拜拜時該注意的禁忌事項，讓你拜得正確，拜得有效…。提醒你：拜拜程序和禁忌，讓你時時與神明保持緊密聯繫。」。另外，在臺灣一般拜拜的基本順序是「1.拜拜之前要先獻花、獻果。放上供桌前，先捧著上述四品禮物，向神明稟告。2.放好供品之後，點香，天公爐要先拜（站在廟內，向外拜）。3.朝外拜完天公，再入廟拜主神。4.配祀神由右而左（面向神明）、由前而後、由低樓層往高樓層拜。（王品豊，2014）」。十分有趣。

參、知識「眞理」

一、「眞理」是知識追求的終極信念

在前面的內容，一方面討論人類因生存所需進而生產出知識，另一方面，由於人類無法掌握現實世界中的許多現象但又需要被加以解釋，而形成另一個世界，包括：神、鬼等相關知識，並且，結合二者讓人類在現實世界中的知識層面更爲完整。但是，這是站在人類社會的日常生活之角度進行分析，也是對於知識以較廣義的方式進行討論。如果站在狹義的、嚴格的、科學的、或是研究等角度來看待知識，便會發現各種知識是想要去追求一種最極致、終極的目標，意即，知識就是「眞理」。

從狹義角度，「知識爲追求眞理」。然而，眞理本身爲眞理，便是不會隨著不同的時間、空間、人類等各種條件，而有所不同、有所改變。追求知識的極致表現就是在追求「眞理」，而「眞理知識」更是所有一切知識發展的基礎，不然所有知識的眞實性將令人懷疑，令人懷疑的信念也將不會產生知識，因爲知識是「一組相信爲眞的信念，且能用來做爲特地目的使用」。因此，「眞理」對於我們這個世界相當的重要，我們透過眞理的引導，讓我們所處原本是渾沌未明、龐雜紛亂的世界，找到某些在日常生活中對於世界的認識，以「眞理」爲基礎發展出各個不同層次及豐富的知識。「眞理知識」能引導、衍生其他各種知識發展的方向，然而，我們要思考的是「眞理」眞的存在嗎？或是曾經存在過嗎？

「眞理」既然被稱爲眞理，應該是永恆不變的眞實性（稱爲「永眞」），因此，嚴格來說，在某些情境之下偶然出現的眞理（稱爲「偶眞」），應該不能稱爲眞正的眞理知識，因爲它會隨著不同時間或空間等條件而產生不眞、不

對、不適用等情形。**15**

二、「眞理」一直（或曾經）存在嗎？

眞的有「眞理」存在嗎？如果「眞理」存在，則不會因爲不同的時間、空間及人類的社會條件等，而有所不同。然而，「眞理」不就是由人類社會依照「當時」的時間、空間及社會條件所生產出來的嗎？不過，時間、空間及社會條件卻是一再變遷的過程，當這些因素一旦變動，其生產的知識成果也會跟著變動，因此「眞理」極可能是一再出現變動的，但是「眞理」會變動就不是稱爲「眞理」。那麼，又有另一個可能性，就是「眞理」應該獨立存在於人的世界之外，在自己的世界中永恆不變。

可是獨立於人的世界以外的「眞理」，又眞的存在嗎？像是：數學、邏輯、或是物理的特性等，在所有一切時間與空間之中，數學當中的最基本公式「1+1=2」是永恆不變的眞理嗎？或是假定一切物質的物理原理是眞理，在牛頓的絕對運動定律主流物理學思潮之下，爲何愛因斯坦又能以相對運動定律，可以用來修正部分牛頓的絕對運動定律呢？或是，在愛因斯坦的相對論主流思潮之下，又無法釐清更進一步在科學研究中，量子物理學出現的許多物理現象呢？然後，我們再試問，在量子物理學之後呢？一定還會出現其他物理學理論的可能性。

又如果物理學是追求宇宙中的眞理（跳脫上述受人類社會的影響之外），

---

15 有時候「眞理」與「上帝」極具相互關係，對於某些宗教而言，因爲上帝爲眞，所以上帝的一切都爲眞，只是人類因爲受到汙染，所以無法上帝一樣，因此，無法追求完全的眞理，只能追求接近於眞理的眞理。但是，Hawking（2011）卻認爲「沒有上帝」，他認爲從量子力學來看，宇宙大霹靂之後才產生空間，因爲有了空間才有時間（因爲距離除以速度等於時間），因此，是大霹靂創造了宇宙，而沒有《創世紀》中所描述的從第一天到第七天創造所有一切萬物的過程。然而，問題是Hawking他講的就是眞理嗎？還是，量子力學在未來也可能只是詮釋宇宙的其中一種說法。

那麼同樣都是物理現象的「詮釋」，在量子物理學中無限小的量子構成無限大的宇宙，但從量子的角度所看到的物理現象，卻與我們日常生活中一般物理現象相當不同。因此，量子物理學也可能只是眾多物理學門之中，其中一種用來「詮釋」物理現象的方式而已，這就如同「絕對運動」定律、「相對運動」定律等，雖然稱為在宇宙中永恆不變的「定律」，事實上卻只能適用於某些特定環境條件之下，這些「真理」才會成立。

　　或者，我們再從另一個角度分析，「真理」應該單獨存在於人的世界之外，以免受到人為因素影響而產生變動，但是即使是「單獨存在於人的世界之外」，似乎都離不開人的世界，為何會如此，分析其原因為：(1)「能否獨立與外」，是否單獨存在於外（或內），這件事情還是由人來判斷，所以，還是存在於人為因素；(2)「已經獨立與外」，即使已經被人認定真正單獨存在人以外的真理，但是其內容似乎還是由人在當時所思考、理解而來。因此，我們用最嚴格的方式來看，似乎並無法完完全全真正地離開人以外而單獨存在的真理。

三、「真理」存在的類型

　　不過，在此我們將社會所「公認」的「真理」，可以分成以下五種類型，包括：推論真理、實證真理、共識真理、建構真理、經驗真理等[16]。

[16] 「真理」的存在類型，也可分成以下幾種類型及其產生的問題：來源真理（例如：權威人士、科學人士所說，或是像是聖人等你所信服的對象所說，屬於權威出處）、方法真理（科學理論推論、科學實驗、或研究法被檢測為無誤的過程）、證據真理（明確的證據證明存在，例如：數字、證物等）、經驗真理（過去日常生活親身經驗為真）。但是，「真理」四個存在類型的問題：來源真理（例如：神說、佛說、基督說，都是後設語言，或只是轉借他人說法來源等）、方法真理（即使是嚴謹的科學法，研究過程歸裡邏輯無懈可擊，或提出完美的理論、模型等，但是實際上卻經常與現實世界偏離，而紙上作業而已）、證據真理（即使證據真實，可是在誤判上也經常出現人為現象，像是：在臺灣的某些法官判例爭議事件等）、經驗真理（沒有比使用者的經驗更為真實，只是一朝被蛇咬、十年怕草蛇，自己過去的經驗是否可以用在下一次發生的不同環境之中，或是，父母

1.「推論眞理」是運用當時被公認爲具有說服力的方法，例如：所謂的科學研究法，或數學等運算、演繹、歸納等被推導出來的眞理，推論眞理需要等待之後的實證過程來加以驗證，像是：理論物理學等。

2.「實證眞理」爲運用當時被認爲公正的實證方式所得的眞理結果。

3.「共識眞理」卻是和實證眞理相反，並不認爲眞正有完全的、可被驗證無誤的眞理，而眞理卻是當時社會共識下的產物。

4.「建構眞理」則認爲眞理是相關的知識背景推導而來，是在當時社會中被各種知識脈絡所建構而得，因此，不同的知識背景時代則會建構出不同的眞理內容。

5.「經驗眞理」則不像建構眞理而是自己經驗的眞理，才是眞理，也就是，眞理來自於自己的經驗知識，自己能體驗到並認爲屬於永恆不變的才是眞理，而不是聽說的而已。

既然，眞理無法完全脫離人的因素，所以換個方向從另一端思考，「眞理是人的詮釋」嗎？如果從眞理是由人所認定而歸類爲眞理，那麼，眞理的確是在當時特定社會條件狀況之下，經由當時人的思考、詮釋、論述、說法等所列定的某些特定對象。就如同，在古時候的中國社會之中，普遍認爲運行宇宙萬物之間的「道」是眞理，但是到了現在社會當中卻變成中國當地的一種文化，但是「道」眞的只是一種具特色的文化而已嗎？

由於在過去歷史發展上，許多所謂的「眞理」，似乎是運用當時社會所認爲具有說服社會大眾的各種方法，而被成立的對象，例如：在宗教興盛時期，各地的「神」及其內容、事物等對象就是眞理；或是在遠古時期一些祭司、巫師被賦予解釋大自然現象的威權性說法；或是近代時期被當時一些著名的

親的經驗知識卻不能成爲小孩的知識，同樣的，許多書本中的知識即使是眞實經驗，不一定能完全的適用於現實生活之中）。

哲學家，運用自我風格的哲學方式思維，所說出來能說服許多大眾內容，在當時也是真理；抑或是在現代社會中運用所謂的科學研究法，像是：「單盲」（Single Blinding）實驗及審查等方式。

只要我們回顧知識生產的歷史，便會發現，在不同時代、社會之中，似乎隱藏著一種被公認為真理生產的機制、方法等，而且隨著時間、空間而有所改變。可是，真理如果是由人為因素所產生，那麼真理就會產生隨著不同時間、空間以及各種人的因素而造成變動的現象。既然總是會一再的變動，那麼就可能會出現矛盾、不適用的情形，進而崩解，因為真理應該是永恆不變的對象。

四、「真理」不曾存在嗎？

如上述，如果在世界上沒有真理，可是實際上又能隱約可見在某些事物的本質中，存在一些基本現象，而且世界似乎並非渾沌未明及模糊不清。只是，似乎由人所能發現之外的世界並不存在，但實際上並不是真正不存在，而是做為人及其在當時各種因素皆無法感覺到它的存在，因此，可以說明為何在不同時代之中，總是存在未知以及皆有新發現的領域與對象。

而我們對於新發現的領域或對象，並不是完全獨立於人的因素之外，反而因為架構在既有的知識背景之下，所做的突破性發現，就如同各種知識一直累積並且達到一定程度之後，產生出知識的大幅躍進（知識的突變）。因此，真理似乎無法脫離於人的因素之外，而且必須建構在既有的基礎之上。所以，真理這個對象並未真正存在，真理反而是一種社會建構而得。

然而，如果真理知識是一種社會建構過程與結果，那麼，目前所謂的「科學」能去追求是什麼呢？我們所認知到的「科學」也似乎只是運用現階段在社會被認為具有說服力的理性法則，去追求一個「接近於」真理的真理，而不是「完全」真理。並且在不同時代的研究法其所謂的「科學性」，也會隨著社會

變動而有所改變，甚至還會去質疑在上一個階段主流研究法的科學性。

就如同現階段的「科學」重視「可被檢證為假」，許多對象不是不可科學化研究，而是無法檢測是否為假，例如：上帝、神明等是否存在？因為無法被檢證為假，是科學研究法以外的領域，但是並不代表其是否存在，而只能說依照科學精神目前無法檢證出是否真的有神的存在，因此，神的存在並不屬於目前科學知識所能研究的範疇，但是也無法證明神並不存在。

另外，現階段的科學方法強調眼見為憑的證據，在許多工具、技術等目前尚未被發明及建構完成之下，雖然某些知識一直存在，卻只是依照目前的設備與條件，尚無法被證實而已，這就如同早已經一直存在這個世界的細菌，只是需要等到顯微鏡等工具及技術發展成熟之後，才被證實存在，但是細菌原本就是一直存在。

因此，科學是運用在當前社會被公認的研究法來確定知識，但也同時受限於許多現實條件而無法成為科學知識，然而，科學以外的知識還是存在於我們周遭四處，更何況，許多過去的科學知識卻被現在的科學知識所推翻，意思就是說，現在被認定的科學知識，也可能在未來變成不是科學知識，而「真理」知識可能也會出現這樣的命運。[17]

因此，或許「真理」只是對應在某些特定的條件之上才能被成立，或許只是一種對於外在世界的人為論述及詮釋而已。然而，如果我們無法追求到完全不變的真理，如此到最後只會剩下一個唯一不變的「真理」，是：無論在各種不同的時間、空間、社會狀態等我們都想知道並致力去追求什麼是「真理」這

[17] 即使是在現階段中代表理性知識的「科學」，還是脫離不了人的因素，也就是，是否獲得科學家們的「社會共識」。像是：黃俊儒（2012）認為科學分成「成熟科學」（science already made）及「發展中科學」（science in the making），其中「成熟科學指的是眾多科學家，就某些議題在經過長時間追尋及檢證後，已然形成的共識。例如：寫在教科書中的科學知識，或是像「尼古丁會危害人體健康」等顯而易見的知識；而發展中科學指的則是仍在演進中的科學論述或主張，由於該議題發展的時間不夠長、牽涉範圍的複雜度高、具跨領域的特質等，往往還需要更長的時間予以沉澱及累積。…在發展中科學所衍生的科技爭議下，嚴謹的科學家們尚且會出現：彼此也沒有共識、各自援用自己相信的數據來佐證自己的立論、對於同一組數據有不同的詮釋觀點…等狀況。（黃俊儒，2012）」。

件事情。

　　然而，我們確定的是「眞理」似乎需要更多的「眞理」來驗證目前這個眞理是否爲眞，而更多的眞理是否爲眞，又需要再更多的眞理來加以確認，因此，一直下去將永無止盡，所以眞理本身並無法被驗證爲完全的眞理，我們最多僅能說眞理是接近於眞理，也是目前的眞理而已。

肆、知識生產的歷史脈絡：從天上落下凡間

　　以下我們再從知識生產的幾個歷史階段，分別討論該時期主要的知識生產者及知識特徵，這些主要生產者及歷程，包括：人類（原始）、神（古代）、統治者（近代）、唯心哲學菁英（近代）、唯物科學菁英（現代）、知識工廠（現代）、社會大眾（後現代）等不同社會時期，並且會發現在知識生產的歷史發展脈絡中，知識的生產者、生產方式以及什麼是知識等，皆從天上落入了凡間。

一、人類：生存勞動

　　人類的知識起源於原始社會中，人們為了生存的各種勞動活動之中，透過實際親身的「經驗」認為有用之後，成為知識。也由於需要將更多複雜且攸關生存的知識傳遞給後代或其他關係人，於是開始產生了像是：語言、文字、圖騰、符號等等，做為傳播生存知識所使用的各種媒介。並且由於勞動生存活動及相互之間透過各種知識傳播媒介互動，因此持續的擴大、蔓延、變異，進而產生各種知識演化的各種過程與不同的現象，發展出整體人類的文明社會，而有別於在地球上的其他生物。

　　也因為，知識來自於不同地區的人其生存的活動之中，基於各地方的自然、地理或其他資源條件的不同差異，所產生的地方知識便會反映當地的特色，並且在各地而有所不同。另一方面，由於起源於各地方的條件差異以及知識演化過程的程度不一，因而造成在歷史上，出現無數次特定族群因為擁有較高的特定知識、優於其他族群，為了擴大爭取自己族群的生存資源以及繁衍更

多的後代等因素，進而發動過無數次的侵略、械鬥與戰爭。而這些也都一再證明在過去歷史發展過程中，知識成為人類演化的重要關鍵，也就是說，在人類從過去到現在的演化過程中，並非單方面的僅僅依賴所謂的生物「基因」而已。

二、神：真理的起源

由於知識來自於各地人類所需的生存技能，以便在現實世界中獲取更多的生存資源與存活的機會，並繁衍出更多的後代子孫。對於人類現實世界中的謀生知識之外，有一些來自於大自然或其他高於當時人類的力量，經常出現需要面對卻無法完全的掌握等現象，以及一方面也要解決人類是從哪裡來又去向何處的問題之下，於是生產出另一個世界的知識，此世界的知識並與現實世界的知識，二者結合成為人們所需要的更完整的知識領域。

也由於，這個高於人類力量的世界是另一個王國，因此在此領土之中一定像人類社會一樣有統治者、統治方式、被統治者等等，以及對此國度的人、事、時、地、物等各種描述。我們似乎使用了當時人類社會的知識特徵，去建構出另一個世界的各種特徵，因此才能獲得在當時這些社會大眾的理解與認同。

而由於人類在現實世界遇到各種不可抗力的因素，且另一個世界應該會高出現實世界，所以，人類世界也可能是由另一個世界的主宰者（一位或多位）所統治，進而衍生出一位為主宰者的「一神論」或是多位為主宰者的「泛神論」等信仰，並由其中心信仰衍生到整個社會化過程中，發展成為各種宗教。而這些高於人類的主宰者及世界的論述，影響的並不只是另一個世界，而是起源於人類現實社會，又回來影響人類社會，甚至於所有一切文明與知識都是由神所執掌，例如：在「泛神論」中，希臘神話中的智慧女神雅典娜（Athena）

便是被描述傳授希臘人織布、畜牧、耕作、造船、冶金煉鐵等知識，且雅典娜更是一身鎧甲的女戰神。或是在「一神論」中所說：「主就是道、就是真理、就是生命。」[18]

因此，神的論述發展出人類社會相關的日常生活文化，許多與其相關的知識以真理的角色站於高高在上的位置，而擁有更好的知識競爭優勢，也就是說，不一定是真正的真理，但是卻是人民在生活上不可或缺，並且需要信奉遵守的重要知識內涵。

也因此，對「神」所信仰的特性，進而衍生出對於人類現實世界的宇宙觀、生命觀、世界觀、社會觀、生態觀等等各個層面，既多元、又豐富的各種知識內容，並且具有特色差異、自成一格，發展成為一整套知識系統，形成各種不同地方在各個時期的文明社會及其不同特徵。並且，透過這些各種層面的知識，系統化的指導在社會上成為每個人日常生活中的重要指南，也因此穩定了整體社會秩序與發展。

三、統治者：穩定社會秩序的知識生產

由於在早期的知識起源中被認為「神才是真理」，因此，在各地除了生產出不同神的相關知識之外，被各地所承認的神，其所指定的相關事物對象也是真理的一部分，或者是從神的真理延伸出來各種類似的真理，然而這些真理產生無比的權力，成為統治人類社會重要的權力來源之一。

---

[18] 對於基督教而言，相信真理來自於上帝，像是：對於基督徒而言，到底什麼是真理？「主耶穌說：我就是道路、真理、生命。當神道成肉身見證自己就是真理、道路、生命時，我們才知道真理、道路、生命只有基督才能發表出來。我們雖然知道人間的真理是基督發表的，主耶穌說的話都是真理，但對真理的內涵之意，我們並沒有什麼真實認識，更不知道怎麼實行才合神的心意。所以認識什麼是真理很重要。……真理是來自於人間，但人間的真理則是基督所傳，是來源於基督的，也就是來源於神本身，並不是人所能達到的。」（中文聖經網，2018）

在各地的統治者，由自己的神所衍生及獲得的權威，其具有重要的社會意義與功能性，這是基於人類是集體的生活方式，故而形成社會，並需要一種被公認的規則，來領導統治所有人進行合理化的統治，讓權力行使得以正當化，並產生穩定社會秩序的力量，但是也因此出現無數的社會衝突。

各地的統治者，爲了方便統治人民，於是由各地自己所信仰的神，發展出主要兩種層面，以便連接到各個社會大眾其不同的日常生活之中，以及用來更有效率的管理整個社會，包括：

1. 菁英化層次

深化發展成爲有各種規範及教義的宗教，以及吸納核心成員。即是以神爲中心的論述，將其成員賦予各種認識神的培訓等菁英化的過程，成爲傳教師，展開對於神的各方面宣傳及推廣等工作，也因此核心成員向神更加深入的學習，而獲得詮釋世界各種現象的權力與任務，並且依照神的觀點發展出各種哪些應該做、哪些不能做的戒律、規範、價值觀等，且條理化、系統化及組織化成爲一種宗教類型。

2. 普羅大眾化層次

以神的中心思想延伸各種社會價值、禮儀、規範等並推廣滲透入各層階級的社會生活，也就是宗教社會化。不僅對於神的論述而發展成爲具有自我特徵的各種核心的宗教，但宗教的核心成員畢竟只是社會相對少數的信仰者而已，因而將宗教信仰設法社會化，將其神的各種知識從各方面滲透到更爲廣大庶民們的日常生活之中。因此，神相關知識的社會功能，包括：(1)一方面用來滿足及解決不同社會成員，他們個人在日常中生老病死及各種不安恐懼的需求。(2)用來解釋大自然狂風暴雨等不正常氣象等，進而穩定民心及社會秩序。(3)做爲在社會中人與人之間相處的價值、禮儀、風俗、規範、美德、文化、文字、語言、審美觀及藝術等等，也就是藉由對神的信仰知識衍生出一整套社會

文化規則。

尤其是，將神知識置於日常生活中更是顯現其功能性，包括：(1)從整體社會來看，由神所衍生的威權者能讓社會大眾相信與臣服，統治者是神所派來的社會管理者，並且進一步演化出「君權神授」等等更多的社會知識，像是：中國歷代君王是「天人合一」概念、或是埃及法老王被子民認為是神的後代、或是羅馬教皇與伊斯蘭教的哈里發血緣等在當地都被賦予與神有關的知識。(2)從個人生活來看，對於神的知識論述中，同時發展出每個人在不同生命階段中，所對應的各種知識，例如：由對於不同神的信仰，發展出各種不同的生、老、病、死等相關知識。[19]

四、唯心哲學菁英：理性主義的知識生產

知識生產的發展，從17世紀與18世紀的啟蒙運動以來，對於知識的論述不再主要環繞於以神為中心，甚至對於神的論述產生了反感與質疑，也可以說是一種異教精神崛起的全面性運動。另外，除了知識的內容逐漸從宗教威權中解放，知識的生產者也不只是少數宗教的佈道者，許多專業的菁英階級成為所謂的知識份子，成為知識主要生產者。知識發展從高高在上的神，落入到更多人一起參與及強調理性思考的菁英階級、知識份子。

由於統治階級從神的論述中獲得統治權力，藉用神力特權來穩定社會，甚至維持特定人士其自身的既得利益，使得社會逐漸敗壞，並且宗教信仰反而成為阻礙整體社會進步的力量。所以，這些知識份子挑戰及揭穿宗教的謊言，導

---

[19] 對於不同神的信仰，發展出各種不同的生、老、病、死等相關知識，像是：同樣都是嬰兒出生，回教與基督教認為生命來自於上帝，而佛教與印度教認為來自於自己的業力成熟等。或者是，在屬於多神論的社會上，每個人背後都有其自己所依賴的、不同的神來主宰世界萬物，而許多人在社會上的功成名就，也會被解釋是不同神明之間其力量的競賽，然後被認為是哪一個比較靈驗。不過，在一神論的社會上，面對生命中不可抗力的事物時，被解釋為神的恩典或考驗等，而對於無神論社會則被解釋為一切都是物質現象等不同說法。

向能以觀察、實驗等自身經驗為主的知識生產，並發展出各種哲學的理性思維方法。許多物理學、化學、天文學等都屬於自然哲學的知識領域，觀察與實驗等科學方法只是獲得哲學知識的其中一種方式而已，也就是在當時被認為科學只是哲學領域的其中一項而已。哲學涵蓋科學，並且強調理性邏輯思考。

啟蒙運動是反宗教的菁英份子領導整個社會的思潮，哲學思考是當時社會的知識型，由這些哲學家們帶領社會大眾重新認識知識是什麼。知識主要生產者落入這些少數菁英階級知識分子人士，在知識的生產過程中強調理性思考，並且強調除魅化等去除宗教對人們思想上的蒙蔽。

五、唯物科學菁英：實證主義的知識生產

跟隨著啟蒙運動哲學理性思維的興起，科學成為更進一步發展的知識類型，科學知識的生產方法比起之前的哲學更為嚴謹，不僅沿用哲學所強調的理性之外，更進一步講求知識本身是必須具有可實證性以及可證偽性。雖然，科學最初起源哲學，屬於哲學領域的其中一支，但是科學逐漸從哲學區分出來，由於科學對於知識生產的方法相較哲學更為嚴謹，因此科學逐漸發展成為知識生產的主流，並且進一步將哲學排除在外，認為哲學的知識生產不具有科學標準。

然而，從科學重視實證的觀點，不僅是哲學，就連神學、甚至數學等，無法提出可證偽性的證據，所以，不是科學研究的範疇，即便這些領域在知識的推理過程具有邏輯性，但是從科學觀點來看是無意義的。而科學早期僅針對自然環境為主，包括：生物、物理、化學、地球、天文等科學，後期才將社會人文納入科學領域，稱為社會科學。

科學講求幾個被公認的科學方法來生產科學知識，像是：必須可重複、他人可驗證性、可證偽性、可測試性等，許多知識因為不符合科學的生產方法，

而無法達到科學標準，但是並不代表這些知識不存在。然而由於科學本身受限於自己的科學標準，以及能拿來實證的設備、器材與技術等工具，所以能成為科學知識的內容依然十分有限。因此，科學知識只是所有知識中的一部分，許多知識可以用來解決生活中的許多問題，但卻是科學無法驗證的知識。甚至在目前運用嚴謹的科學方法及實驗所生產出來的某些知識，在後來發展也可能被推翻或是證明是錯的科學知識，或是偽科學[20]。

　　不過，在啟蒙運動及哲學發展之後，以強調理性及唯物主義（形下學）為研究基礎的科學，原本要揭開過去以神為中心的宗教神話，及宗教其蒙蔽民眾的社會現象，然而，科學也在後續發展之中建構出屬於自己的神及其神話。也就是，許多科學是理性思考的知識並推翻了過去宗教的蒙昧無知，但是，對於科學的信仰卻自己構築出神及其信仰，並在後來取代了宗教原有的地位而自己生產出蒙昧。由於科學起初質疑了統治者為了自身利益而生產出神的信仰，藉此來蒙蔽社會大眾讓他們完全相信，以方便統治及維持自己的既得利益，最後，在某些科學知識（或科學家）的發展過程中，自己也產生出了另一種神話，在整體社會環境強調科學「至上」之中，科學以一種相似於對神的信仰出現在社會之中，許多科學本身也宗教化了。

　　「科學宗教化」的現象，至少包括：

1.菁英化層次

　　科學家如同宗教的教主，運用自己認同的「真理」進行研究，生產以「真理」衍生而來的知識，並且不同知識領域的科學家，對於其他領域科學，也宛如不同宗教派系般，相互隔閡與鬥爭。像是：過去出現自然科學者對於社會科學的科學性抱持著懷疑的心態，或是西方科學對於東方科學產生質疑等。

---

[20] 是否現在一部分的科學，以後也變成了錯的科學知識或是偽科學。例如：大腦分成左腦及右腦思考，以及大腦使用量未飽和等臨床實證經驗結果，在剛開時原本也是科學，後來進一步研究後又發現不是如此運作（林俊成，2018）。

2. 普羅大衆化層次

　　科學的科普教育推廣到社會大衆的日常生活之中，成為廣大群衆生活中的知識，民衆的日常生活中，隱藏著特定知識的基本特質，例如：「科學」的生活似乎就是說「理性」的生活方式，像是：講求證據、數字、邏輯在日常生活中的思考與運用，如此更容易讓「科學實驗」做為特定目的使用，像是為銷售商品來背書，也就是，理性及科學還是淪為一種上層階級用來宰制下層階級的工具而已。尤其在資本主義的興起時期，科學知識經常用來服務於商品，像是：一些實驗數據其實是被用來行銷產品之用，而各種產品都有對自己有利的科學知識，科學知識製造出另一種嚴重的蒙昧。

六、知識工廠：現代的知識生產線

　　在持續除魅化、教育普及、科學至上等工業革命以來的發展特徵之下，到了晚近的現代社會，其知識生產不僅是特定菁英階級及知識份子的工作，在教育愈來愈普及化之下更加下放至廣大社會大衆，像是出現大量、各級的學校以正規教育方式進行有系統、更普及的知識生產與學習[21]。

　　在現代社會中的知識生產過程中融入「現代性」的特徵，在不同各地運用一致性的知識生產標準，也就是，在上一個時期發展為主流的科學標準方法，並且進一步加上現代社會出現的福特主義概念之知識生產模式，於是，知識生產成為機械標準化的生產線模式，其知識生產特徵，包括：大量規模、制式化、標準化、效率化、科學測量等生產方式，以講求更快速的知識生產。而知識效率化生產的思考，則包括：哪些知識如何被使用、如何被更多人使用、

---

[21] 何立民（2015）也同樣的認為「知識」是自然科學、社會科學、哲學的源頭科學，而且在晚期知識的發展走向公共化，社會上形成公共知識與公共智力，知識決定人類命運。

知識價值如何提升等，像是：哪些知識可以轉成商品、快速獲利、提高經濟效益，也就是知識在現代社會的生產特徵。

由於具「現代性」的知識生產方式，在現代社會的知識生產除了出現上述的特徵之外，更在資本主義現代化過程中，整個社會發展成為「知識經濟」[22]的類型，也就是，知識成為經濟來源基礎而建構的整體社會，包括：知識的商品化現象，或是強調「知識變現」[23]的功利主義生產方式，來判斷哪一些是有用及無用的知識。

[22] 「知識經濟」的知識特徵。「知識經濟（knowledge-based economy）泛指以知識為基礎的新經濟（new economy）運作模式。知識需要獲取、累積、擴散、激盪、應用、修正。新經濟是指跨越傳統的思維及運作，以創新、科技、資訊、全球化、競爭力……為其成長的動力，而這些因素的運作必須依賴知識的累積、應用及轉化」。（高希均，2000）

[23] 「知識變現」知識商品化現象，「現今社會中『免費』的知識與資訊仍是占大宗，為什麼會有『知識變現』產業的生存空間呢？…多數的知識，本身是沒什麼價值的，是知識被包裝成的服務與產品，也就是『知識的形式』，才是真正可以成就商業模式的所在」（周詣，2017）。像是：圖1-22、圖1-23、圖1-24、圖1-25、圖1-26、圖1-27所示，為位於土耳其Ephesus「聖馬利亞之屋」案例。位於土耳其Ephesus地區，根據約翰福音考證為耶穌的母親聖馬利亞居住及死於此處，此處在1896年宣布為羅馬天主教的神聖場所，之後為世界各地遊客朝聖之地，且每年8月15日訂定為聖瑪麗亞的節日。傳聞當地有一地下泉水，在喝水或用手碰觸泉水前，可以許下一個心願，讓你滿願。除了現場販售各式各樣的馬利亞商品之外，更是販售：來自土耳其Ephesus當地「聖馬利亞之屋」（Virgin Mary House）的「聖水」（Holy Water），而且售價1瓶3歐元。而且，令人好奇的是，在此神聖之地，竟然在主流的天主教文化之下，販賣外加中東地區一帶盛行的民間信仰「斜眼」，轉成為聖母「天眼」，舉頭三尺有神明。在當地面對來自全世界的國際觀光客，信仰知識是以產品形式來變現以及轉為經濟的價值。（資料來源：2014年土耳其Ephesus聖母馬利亞之屋現場的田野調查記錄與分析。）

圖1-22　（2014）土耳其Ephesus聖馬利亞之屋

圖1-23　（2014）位於園區內馬利亞的雕像

圖1-24　（2014）馬利亞居住地其屋內的祭壇

七、社會大眾：後現代知識消費與「集體協作」（mass collaboration）

　　在後現代社會的知識生產現象，一方面改變以消費主導的知識生產方式，由各種資訊轉換成爲知識，像是：大數據等，知識生產主要依賴消費需求而生，後現代的個性化、專門化的知識供給也是本時期的重要特徵，網路社會及科技生活化，民眾們普遍使用各種行動裝置、行動載具、人工智慧等，知識因應消費生活呈現細膩化、即時化（同步化）、精準化的生產方式。

　　另外，在後現代社會對於「大敘事」（grand narrative）產生終結（Lyotard，1984），各地民眾不再充分相信這些被後來人們基於特定目的所生產的「後設敘事」（meta-discourse），知識本身呈現小敘事、多樣化，知識的生產也呈現去標準、多元方法等，更重要的是知識的詮釋權，不再像過去以知識分子、菁英階級爲主，而是回到在地居民本身，以及一些知識的擁有者本身，像是重視地方文化差異與在地智慧的「地方知識學」（local knowledge）（Geertz，1985），地方文化是知識生成的網，地方知識再現了地方文化特徵。

　　不僅如此，在另一方面，知識生產出現「集體協作」（mass collabora-

圖1-25　（2014）紀念品店販售各式各樣的馬利亞商品而信仰變現為經濟

圖1-26　（2014）亞洲地區有大悲咒水而在此販售的馬利亞聖水1瓶3歐元

圖1-27　（2014）好奇是的一神論聖地竟然結合民間信仰「斜眼」成為「天眼」

tion）[24]的方式，由於持續的教育普及化及科技生活化，一般社會大眾對於某些領域的知識並不陌生，加上科技普及使得大多數人可以使用網路進行相關知識的搜尋及發表，知識生產不再是少數菁英階級的專利，此時期知識生產的特徵反而鼓勵集體寫作、共同完成，例如：維基百科；或是各種網路、行動電話、行動社群等成為線上知識平臺，而由社會大眾自己上去提供相關資訊及訊息等。

　　由社會大眾集體協作方式的知識生產，並沒有完全取代菁英式的知識生產方式，反而呈現一種擴大、蔓延及互補的狀態。因此，不僅對於知識的研究法，並無一個統一的標準化，知識生產在此時期更是呈現百家爭鳴、熙熙攘攘、人聲鼎沸的現象。

八、知識在民間：反思地方知識、誰的知識及反智主義（anti-intellectualism）

　　從上述知識生產的發展脈絡中，我們不難看出，知識起源於人類的生存勞動，由於自己有許多無法抵抗的力量因素，而生產了神，從多神論發展到一神論的歷程之中，社會各地眾多的原始部落，逐漸被統一成為更大的社會，並從各種對神的論述中，衍生出統領社會的權力主掌內容及權力擁有者，以及整套的社會價值與規範等結合融入於庶民的日常生活之中。另外，在歷代崛起許多與統治者合作或對抗的知識份子菁英，之後，知識份子菁英在知識上扮演極為

---

[24] 由Tapscott, Don & Williams, A. D.所著作的「維基經濟學（wikinomics），指透過網路集結眾人，源源不絕地分享其知識、技術、資源、和能力，所形成的一種嶄新的組織形態，簡單的說就是「集體協作」〔mass collaboration〕。…包括：Google、Amazon、You Tube、Second Life等。…Google善於運用群眾智慧，取之於群眾也用之於群眾；Amazon開放其系統架構，創造全世界15萬名程式設計師，…，使得Amazon今日成為全世界無人能敵的電子商務網站。You Tube讓使用者自己拍影片、自己上傳、自己評鑑，每天平均新增95,000支新影片，播放的影片平均達100萬支，這種自我管理的方式使它躍升為全世界最大的媒體。Second Life則是開放原始碼，99%的遊戲元件都是由使用者自己創造的，三年來進駐這個虛擬世界的居民已達300萬人，年營收已達1億美金。」（Tapscott, Don & Williams, A. D. ／王怡文譯，2007）

重要的角色，尤其在啓蒙運動之後，強調理性、除魅化及科學至上的思考，加上教育的普及化，使得社會大眾逐漸開化，對於知識的定義、生產過程及生產者等，都不再是掌握在少數特定人士的手中。

在知識的歷史發展過程中，從天上落入了凡間。知識生產者從：神（被不同族群創造的各種神）、解釋神意的各種神職人員（巫師、祭司、主教等）、統治者（神人、人神等）、知識菁英（知識份子）到一切平民百姓所有社會大眾。知識的領域範疇，也從：神學、哲學、科學，發展到重視地方知識學以及大眾集體的知識寫作等，知識已經不再是傳統的形式，呈現極爲蓬勃且多樣發展。

同樣的，什麼是「知識」，也是從神才能知道（也才是）的眞理知識以及由眞理延伸的知識，逐漸下放至知識份子菁英們所倡議的各種思想，再落入到民間所有社會大眾在日常生活中要使用的各種所需知識。也就是形成了「知識是眾人之事」，知識已經發展成爲在庶民生活中食衣住行等活動且無所不包，有利於民眾在日常生存勞動中的各種所需內容。

甚至在目前對於上一個階段，由知識份子菁英們所領導的各項主流知識，開始受到部分人士所提出的反思與懷疑，主張一種知識的全民解放之態度。其中，像是「反智主義」（anti-intellectualism）[25]便是對於社會中所謂的「知識份子」產生懷疑、輕蔑等，對知識份子菁英階級的行爲極爲反感，包括：關在學術象牙塔內自己玩的「知識無用論」，或是知識份子產生了社會行爲的隔閡及不易溝通等現象。

---

[25] 在反智主義中，可進一步分析爲反理性或是反智性等，「反智論並非一種學說、一套理論，而是一種態度；這種態度在文化的各方面都有痕跡可尋，並不限於政治的領域。中國雖然沒有反智論這個名詞，但反智的現象則一直是存在的。因爲這個現象可以說普遍地存在於一切文化之中，中國自然不是例外。研究這一現象的學者都感到不易給反智論下一個清晰的定義，不過一般地說，反智論可以分爲兩個互相關涉的部分：一是對於智性（intellect）本身的憎恨和懷疑，認爲智性及由智性而來的知識學問對人生皆有害而無益。抱著這種態度的人我們可以叫他做反智性論者（anti-intellectualist）。但是在西方，反智性論者和反理性論者（anti-rationalist）一方面頗相牽纏，而另一方面又有分別。神學史和哲學史上頗不乏反理性之士，此在西方即所謂信徒理性不足以認識上帝或眞理；而在佛家，即所謂恃分別智不能證眞如。所以一般地說，反理性論者只是對理性的使用際限有所保留，並非完全拋棄理性。智性在通常的用法中則含義較理性爲廣，並可以包括理性；反理性論者之不必然爲反智性論者，其道理是顯而易見的。」（余英時，2014）

第二章　知識社會與社會知識

壹、知識與社會

一、知識是社會的而社會也是知識的

從上述知識的起源及其歷史發展內容的論述中，我們不難看出，知識並無法單獨存在於社會脈絡之外，知識反而是與社會特質等因素綿密互動而生成，我們因為社會的特定狀態與性質，進而生產出特定知識類型與內容，也因為特定知識而促成社會往特定方向，進行社會調節或社會變遷[1]。

因此，知識是社會的，或者是說，社會也是知識的，知識的社會與社會的知識等二者，在人類文明的演化過程中扮演雙層重要角色。然而，並不只是知識本身是社會的而已，一開始從知識生產、到知識消費及知識交換等一個整套機制，都是社會的。也因此，我們從過去知識的起源及歷史發展脈絡中，會發現並不只是知識本身的定義（什麼是「知識」以及什麼不是「知識」），也包括：知識是由誰來定義及認定構成知識的條件、誰可以生產知識、誰的知識等，其整套過程都是與社會相互影響而成。

然而真理知識只是其中一種類型，由於知識是社會的，因此，許多真理知識也可能是社會的，同樣的有關科學知識、專業知識、常民生活知識等不同層次與類型都是社會的。不過，社會是一再變動的過程，所以，上述這些不同層次的知識，也會變動的，包括：一些目前被特定機制所認定的真理知識。

---

[1] 「知識」，從微觀功能論觀點，具有個人教化之功能，從宏觀功能論來說，知識創造文明社會，因此，「知識」研究一直是哲學家的重要命題，像是：「對於理性及道德反省的智慧、心靈、語言與意義、信念、真理、知識來源、知覺（朱建民，2003）」等，都是來自於哲學家個人在「社會」特定位置與角色之下，在其每日的日常生活中，個人對於接觸到的特定社會活動，進行思考、分析、推論等等而成。或是再將知識分成：先天知識、科學知識、因果知識等等（同上），也都是從各種社會生活經驗中累積與淬煉而來。因此，知識是社會的，社會也是知識的。

　　而知識從起源到各階段歷史發展之過程中，產生了一整套知識的生產、消費及交換的演變，並在歷史發展中從社會高層及少數特定人士逐漸下放且擴大到全民。另外，從社會整體宏觀角度來看，知識必須被置入於當時的社會發展脈絡之下，才能產生出知識的意義及價值，許多知識也同時影響當時社會發展；而從個人微觀角度來看，生活知識在自己的生命經驗脈絡下才能產生出特定意義與價值，並且影響自己的生命經驗，同樣的知識卻對別人而言，或許產生不了太大的功能與意義。因為，知識是社會的，而社會也是知識。

二、知識「分類」方式反映當時社會看待世界的觀點與價值

　　由於世界的模糊性將帶來不確定性，因此，知識能協助有系統的分類，然而，對於知識分類的方式，一方面能將整體世界看得更加清楚之外，一方面也顯現出當時整體社會（或特定領域）其知識的意識與觀點。

　　就像是，在1596年左右印刷發行由李時珍（2014）所著作的《本草綱目》，便是在中華傳統醫學知識中重要的書籍之一。書中有系統地記載當時社會的醫學知識，裡面的醫學知識是以當時實際經驗所累積而成，共收錄了近2,000種藥物，及在當時醫界與民間流傳的33種病藥方等，是當時眾人共同經驗累積而成的醫學百科全書。其分類方式包括：水、火、土、金石、草、谷菜、果、木、服器、蟲、鱗、介、禽、獸、人及其他等。這種知識分類方式，反映了中華傳統文化中對於宇宙萬物的「五行」元素及其相生相剋等觀點，而且在該書中所蒐藏與記載的相關知識，也超越醫學領域，如同一本世界的博物學。但是，在現在以西方醫學為主流的思考之下，《本草綱目》被認為只是一本獵奇、光怪陸離、不可思議的典籍[2]。

---

[2] 中華傳統文化中《本草綱目》醫學知識的問題，在現今就有人指出「本草綱目是迷信和無知愚蠢的古代笑話大全，甚至是教人吃人和虐待動物的病態手冊。」但是，某中醫師轟網友無知又理盲，對中醫的認識根本是笑

　　同樣的醫學百科相關書籍像是：在西藏的醫學知識在其發展成爲《藏醫四部醫典》[3]（元氣齋，2014），同樣受到中華傳統醫學知識的影響，他們看待「生病」此事，也是以宇宙的相生相剋概念出發，跟漢醫一樣認爲宇宙是由五行（金、木、水、火、土）所形成，並且在人體內運行，因此，雙方的醫學知識，都不只是醫學方面的領域而已，而是包括了整體的世界觀、宇宙觀、人生觀等等一切知識。而《藏醫四部醫典》爲「西藏醫學最珍貴、根本的典籍」，主要分爲四大部分：根本醫典、論說醫典、秘訣醫典和後續醫典；從基礎理論談到各科臨床，包括：生理解剖、胚胎發育、病因病理、治療原則、臨床各科、方劑藥物、診療器械及預後等等（元氣齋，2004）。

　　因此，無論是漢醫或是藏醫等醫學的知識，它們所涉及的似乎不僅在於醫學知識領域而已，將知識分類爲五行（金、木、水、火、土）基本元素，其實也是反映出在當時社會對於整體世界的看法，與構成整體世界的架構。

　　在百科全書方面，中國過去據說最古老的百科全書《爾雅》（西元前221至西元9年）在唐朝以後被列入儒家經典之一，對於世界萬物知識分成：古代同義詞、常用詞、情境描述詞、親屬關係、宮廷建築、日常禮制（器具、飲食與服裝）、樂器、天文曆法、行政區畫分、山、水、樹、蟲、魚、鳥、獸、畜等分類及內容（中國哲學書電子化計畫，2018a）。便可反映出在當時社會中對於複雜的古文（像是：古代同義詞、常用詞、情境描述詞）、農業社會（像

話。中醫師表示學校教材沒有教本草綱目，本草綱目是給外行人看的，很多人說這本是類似百科全書的存在，當中有很多獵奇成分，不是實戰的書籍。（聯合新聞網，2018）

[3]　《藏醫四部醫典》是「西元8世紀末，藏區名醫宇陀寧瑪元丹貢布（音譯）完成此藏醫名著，是借鑑前人經驗的基礎上，親身實踐20多年後完成的。它的誕生標誌著藏醫獨具特色體系的完成。…。根本醫典主要介紹人體生理、病理、診斷及臨床治療的一般知識；論說醫典主要介紹人體解剖構造、疾病發生的原因、衛生保健、藥物性能、診斷方法和治療原則；秘訣醫典主要介紹診斷方法，各種方劑的配合及其功用、用途以及外治療法等等。藏醫學的發展和興盛…，還跟佛教的傳播有著極其密切的關係。…。當印度佛教傳入西藏後，隨著佛教的傳播和昌盛，藏傳醫學也隨著佛教的傳播而逐漸發展起來。藏區一些大的寺院多設有醫學院，是專門傳授醫藥學知識的地方。藏傳佛教的高僧活佛一般都對藏醫藥學有著很深的造詣，都能在傳教的同時行醫濟世。現在，藏醫中一些治療疑難雜症的祕方之所以能夠流傳下來，就是得益於其在寺院中師傳徒承的沿襲方式。」（文萊，2004）。

是：天文曆法、山、水、樹、蟲、魚、鳥、獸、畜等分類）、社會關係（像
是：親屬關係、宮廷建築、日常禮制、行政區畫分）等知識的觀點。在當時所
見到的世界萬物及其分類方式，與現在西方的百科全書不同，目前的百科全書
主要以「專業」及「學門」爲分類，反應現代社會的專業分工與組織運作方
式，並且以物質與非物質、科學及非科學等做爲知識分類其中的基礎。

三、知識「系統」反映當時社會看到世界的「完整性」及特性

　　不只是知識的分類方式是社會的，對於知識的系統性也反映出在當時「能
見到」的「所見到」世界以其樣貌。也就是，整個世界的一切一直完整存在，
但是人們依照當時社會的知識特質，僅看到由這些觀點看出去而所見到世界的
部分「全貌」，以及在當時建立的知識系統。然而，未被見到的世界並不代表
不存在，只是在不同社會依照當時的知識觀點切入下並未被看見而已。

　　就如同上述的醫學典籍之中，如何將感覺有發生卻又混沌未明的現象，透
過文字與語言來分類認知及描述，以及系統性的建構出整套知識系統，將由於
切入與進行分類方式不同，因此，所認知到的世界內容、所建立的系統性與內
容、所見到的世界之完整性等等，也將有所不同。像是：將世界萬物分成金木
水火土的性質與系統，其知識系統反映出當時知識的價值與態度，以及看到世
界萬物「全貌」的樣子。

　　同樣的，在西方百科全書的知識系統中，也顯現出近代西方社會講求「專
業」及因專業產生「學門」分類，其知識系統反映現代社會的專業分工及其更
加細膩的系統運作方式。而這些都反映出不只知識本身是社會的，知識系統也
是社會的，受到當時社會上各種因素及特徵的影響而成。

貳、地方知識學

一、地方文化差異性生產了地方知識及建構出文明

　　地方知識學強調了地方知識的差異性，以及知識差異性的重要性，甚至將地方知識置於地方文化脈絡中，可以看到地方知識與地方性（the locals）之間的重要關係，而這些具差異性的地方知識反而生產了特有的「地方智慧」。並且，不是以西方強勢文化觀點，看待所有一切地方並認爲是落後、野蠻、不文明的，反而重視各個地方其地方知識的獨特性與其特有的整套生產機制等。

　　在Geertz（1985）的「地方知識」（local knowledge）概念中，認爲地方文化影響並生產出各種知識的特色與其差異性，地方文化不僅影響知識對象，更會形成一套知識的生產系統。在此舉例，像是：(1)正式的知識生產系統：各種地方的法規、制度、書籍等顯性知識。(2)非正式的生產系統：地方傳統、口傳經驗、民俗、集體記憶、儀式、規則、價值等隱性知識。因此，地方文化在當地產生集體內化，所出現的地方知識再現了地方文化。

　　地方文明是由所有整體地方知識共同堆疊而成，並具有地方特色。地方知識學不僅是對於知識切入的觀點中，反思強勢文化對弱勢地方行使不當的知識權力，壓迫對地方文明的看法及扼殺地方知識的價值及其後續生產等，更強調於重新看待「知識」的定義與意義，以及重新質疑知識背後的生產與消費等方式。

　　地方知識學也提供一個重要概念：如果研究者沒有看到在地方上一整套相當特殊、精美的地方知識，便無法深入理解在地知識與其社會生活的相互作用與關聯性，以及地方文化是如何在過去當地歷史發展脈絡中逐漸成爲一張生產地方知識的網。

　　另外，地方知識與地方上每一個人的日常生活緊密連結，形成整體的地方智慧，因此，地方知識學類型，包括：(1)地方歷史知識：個人及社群的生命史、個人及社群的生活史、不同社群的集體記憶知識等。(2)地方藝文知識：每個人有關食衣住行一切日常生活中的美學、美感經驗等，或是風土民情、信仰、風俗、宗教、儀式、價值與規範等，以及上述這些透過日常活動所實踐的各種對象，像是各式各樣的生活藝術、民俗藝術、應用藝術等類型的文物。(3)地方科學：像是：在地方上各種生產或生活所使用的「偏方」、祖傳秘方、土法、天地觀、宇宙觀等，有關當地的自然科學、地質科學、物理科學等許多在地人的地方智慧。

二、知識詮釋權：知識是「菁英著」還是「土著」

　　地方知識學的概念也提供另一種對於知識的思考方式，也就是「知識」是什麼？是由「誰」來認定為「知識」及「非知識」？「知識」是「誰」說了算？也就是，知識究竟是「菁英著」（菁英生產）或是「土著」（在地生產）？另外，也進一步讓我們去思考及探究這個「誰」的機制，除了當地少數上層、仕紳、菁英、學院、法規等地方上的機制之外，也受到從其他地方進入的各種外來文化流與知識流之影響。

　　對於許多弱勢地方的居民來說，在過去在地的生活經驗中，自己本身擁有許多寶貴的知識，但卻往往沒有如此認知，而需要受到外在力量的肯定，像是外來的菁英知識份子等。然而，菁英們過去運用許多主流的研究方法（像是：所謂的科學研究法等）前往當地進行調查研究，原有的知識擁有者地方居民，卻淪為只是所謂的被田野調查的對象，然而在研究者採集地方知識擁有者之後，卻運用外來的、或西方的、或主流的、或所謂科學的知識觀點及方法，重新詮釋地方居民原本擁有的知識內容，尤其面對國際期刊、國際書寫格式及國

際論述方式等，因爲要發表到這些刊物，所以發表時所使用的理論、概念、推論的研究法，甚至於寫作格式、語言與文字，都不僅受到菁英階級本身的觀點，也受到在發表時需要符合的國際語言及規格而產生影響，因此不僅可能扭曲原知識擁有者其知識的重要性、意義或價值，更加重讓地方民眾不認爲自己原本擁有的是知識，而由外來菁英份子認定的那些被特定意識所再現的對象，才是知識。

如此，將地方知識正式化到各種期刊、書籍或其他正式知識檔案的做法，卻是反過來能被留下來以及傳承下來，並成爲這些地方居民其後代子孫在日後所閱讀及學習的對象。也就是，原本地方居民自己的知識卻需要透過菁英人士來判斷及重新詮釋之後，才提供給自己的後代來閱讀、學習與傳承下來。

地方知識學的重要概念，不僅是Geertz（1985）所強調的地方文化影響地方知識的整套模式與特性。重要的是，地方知識的主體性，以及地方知識權及其行使方式等，包括：對於知識本身的定義、知識擁有者、知識詮釋權、知識生產與再生產等，尤其是知識詮釋權，過去由菁英份子獨享的知識詮釋權，更不應該是菁英知識份子階級的特權，而是應該回歸給知識原本的擁有者在地民眾。

因此，我們以地方知識學的概念來反思與顛覆在過去知識是菁英的、主流的生產及運用方式，而且不僅是知識本身，更是在知識形成之過程及其研究法等，應該尊重各個地方在當地的任何方法，因爲「土法煉鋼」的過程，更加能看到知識生成時在地的整套機制與過程及其特徵，而由當地居民（知識擁有者）自我覺知及著作的「土著」，往往是直接的、活生生的、眞實的、未被扭曲的在地經驗。

三、地方的「先驗」知識與「後驗」知識

　　將「先驗」知識與「後驗」知識放在這裡討論，是藉由地方知識學之概念同時提出一個問題，就是在我們日常生活中，我們鮮少去檢視過許多知識其實都是外來的，並且不一定適用於我們自己的在地生活。

　　其中，「先驗」知識是優先於所有經驗以及優先於自身經驗等兩個類型：(1)優於所有經驗的知識類型，其知識強調非經驗性的知識，是理性的知識，像是：數學、邏輯等，不是由經驗而來或是任何不同經驗無法改變的知識。(2)優於自身經驗的知識類型，為優先於自身經驗的所有一切知識。知識是一組相信的信念並能做為特定目的使用，因此信念需要被使用才能成為知識，且有許多知識是他人經驗但對於自己不一定有用，甚至因為誤用而產生不同效果。然而，無論是上述哪一種類型，這些「先驗」知識不也都是從生活經驗中，被經驗所提煉出來的嗎？因此即使是「先驗」知識似乎也是來自於生活經驗。

　　「後驗」知識是強調自身經驗過的知識，而不只是「如是我聞」（我是這樣聽說的）而已，我所知道的信念並對於特定目的使用時，便會成為自己親身經歷去實踐、調整修正、或淘汰等原先的知識，累積這些個人自己的知識經驗，便成為每一個個人的生命智慧。因為，由眾人所居住生活的地方，一定集結了當地的各種智慧，所以，各種外來的知識在地方上並不一定都會有用，反而重點是在地人自己的知識經驗，將會為當地建構出屬於自己特有的文明面貌。

　　從地方知識學的角度來檢視「先驗」知識與「後驗」知識，可以看到知識的擁有者及其主體性等需要去進一步思考的問題，因為「先驗」知識並不一定適用各種當地條件（即使是最嚴謹的科學知識），所以，任何被經驗的在地知識都是珍貴的地方智慧，因此都需要被尊重看待，知識唯有被自己所經歷過，才能成為自己的知識，而不再是虛無飄渺的對象。

四、知識的「賦予論」與「自覺論」

地方知識學也可以從：知識是「賦予論」或「自覺論」等角度進一步來加以釐清與討論。

1.「知識賦予論」

經驗者是他人，過去的知識生產者來自於各種菁英人士，像是：專家、學者、權威者、長者、學校、博物館、媒體等其他具有知識權力者及其機制，由「知識中介者」（knowledge intermediaries）（部門）他們生產並賦予了知識的各項內容，傳播給社會其他成員，影響社會生活及整體社會發展。

也就是，知識是由所謂的專家觀點來證明及說明這些是知識，之後賦予給其他社會大眾，因而知識是賦予的、而非每一個人自我反思、親身經驗而來。而且這些賦予的知識，即使由當地個人親身轉做為特定目的使用，也免不了的隱藏著知識賦予者其知識價值與觀點，例如：各種西方流行知識對於地方生活的影響等。

2.「知識自覺論」

是對於自己知識的自覺，在地方上每一個人在其日常的社會生活所經驗到的經驗，都可能成為無法被取代的、實際經驗的知識，並成為知識真正的擁有者，地方知識不需要科學研究法，而是赤裸裸的真實經驗而來，且自己能自覺並提出自己的知識立論。

地方知識學之概念，相當重視於每一個當地人都是知識的主體，是知識的擁有者、經驗者及生產者，生命所有經驗知識並累積成為智慧。每一個人並不只是一個被動的學習者、閱聽人或是知識的被給予者而已，知識要轉為特定目的使用，是面對地方生活實際的運用經驗，並非套用理論。

五、邁向一個「全民知識學」的知識型典範

　　地方知識學的概念讓我們延伸出一個當前知識生產的社會型，也就是，人人都是知識的生產者，期許整體社會能邁向一個「全民知識學」的知識型典範。這是由於隨著目前教育普及愈來愈全面性，加上知識社會、科技社會、網路社會等時代特性的發展，由「集體協作」（mass collaboration）共同書寫自己的知識，日漸成為風氣，因此，這股知識生產的特色與力量，將逐漸興起並從過去所謂的專家及其知識生產方式，移轉形成「全民知識學」的典範。

　　「全民知識學」就是反思菁英份子獨有知識權，強調無論社會階級、位置、角色、族群等，所有人都是知識的生產者，我們回到剛開始產生知識的起源，是基於人類為了生存在勞動活動中生產出知識，每個人在自己的地方生活中，都能產生並經驗屬於自己真實的知識。

　　「全民知識學」的知識論為知識是所有人在其地方生活經驗的匯集，而全民知識學的方法論的類型，借用目前學術使用的科學路線來理解，也可以包括：(1)實證方法：透過每一個人親身實際的經驗證明，來生產及整理出自己認為是對的知識。(2)否證方法：透過自己親身經驗證明某些原本對的知識，其實是錯誤的知識。(3)反思與批判方法：在社會生活活動中，對於自己某些特定知識進行批判，以及反思後的反身性（reflexivity）實踐。(4)詮釋方法：對於自己食衣住行等各種日常生活環境及其特定背景脈絡及條件中，在不同特質的個人親身經驗特定事物之後，加以整理及詮釋成為屬於個人的知識及生命智慧。

　　「全民知識學」的知識型典範，並不是要去取代菁英份子的知識研究，而是鼓勵讓非菁英的其他所有人，都能參與知識寫作。鼓勵並接納在全世界各地不同地方、各種民眾，生產出多元片段、百花齊放、人聲鼎沸的知識內容，並且，我們更尊重各個不同階層其在地方上的各種知識經驗以及各種生成知識的

方法。知識及生產知識的方法，看似充滿「土味」及「土法煉鋼」的過程，但卻最眞實且寶貴。

參、知識功能主義（knowledge functionalism）

一、被區分的「學術型」知識與「生活型」知識

由於「知識」是「一組相信爲眞的信念（也就是，能相信所相信的對象），並能被使用於特定目的」。一般而言，可將知識的研究取向，分成：(1)理性主義，認爲知識需要客觀理性而成。(2)經驗主義，認爲知識是實際經驗而成。或是，將知識的形式，分成：(1)正式的顯性知識，像是：書籍、手冊、檔案、法規、編碼等已經正式化成爲知識的對象。(2)非正式的隱性知識，像是：集體記憶、民俗、口語傳播、祖傳祕方、分享個人經驗等。抑或是將知識的類型，也可以分成：系統組織型、主題項目型、流程及程序型、技術執行型、檢討型等，並再次區分由概念推論而來的理論知識，以及由實際經驗彙整而來的經驗知識。

因此，我們將知識依照深度及普及程度，可以分爲：學術型知識、生活型知識等類型再加以分析。而學術型知識也可再分成：科學型知識、學術型知識、技術型知識等。其中，科學型知識爲使用科學方法並以追求眞理或眞相爲目的；學術型知識同樣也是追求眞理或眞相爲目的，以學術規格嚴謹的研究法，許多研究皆與科學研究相互重疊，因此，科學研究與學術研究的研究方法的類型，也可以分爲：實證研究（證明是對的）、否證研究（證明是錯的）、批判研究（反思事物的眞理或眞相）、詮釋研究（在特定條件下才適用或成立，因此研究是被客觀詮釋而來）等，或是研究方法也分爲：演繹法（佐證推演）及歸納法（聚結歸納）等，參考的佐證資料則分爲：量化數據與質化資料等。

而技術型知識主要以經驗累積及親身實證爲主，並以實用爲追求的目的，

可以運用科學嚴謹的研究法來進行研究，不過，重點將放在如何使用，主要以應用爲研究導向，因此，相較於科學知識或學術知識研究的抽象性、理論性等，技術型知識更能應用在社會大眾的日常生活之中。

學術型知識對於何謂「知識」有屬於自己專門嚴謹的看法，許多作者會在研究中自己事先提出對於此研究之專有名詞（知識）的操作定義，因此不同研究中即使名詞相同，但是定義也不盡相同；而且不同的知識觀點及不同研究方法上也曾經相互爭吵，例如：質化研究便對量化研究的大量數字及模型等產生質疑及批判，或是批判型研究被實證型研究認爲其並無法提出積極正面做法而只是批判等。

在過去，有別於生活型知識的生產在個人的日常生活之中，學術型知識的生產地，主要在於學校、教育單位、文化中心、實驗室、研究室等專業機構，生產者爲菁英份子、專業人士等，知識生產的時間由於專業機構場所固定因此時間較爲清楚畫分，研究的工具要能一一辨認，並清楚交代及掌握各種研究過程中的所有變項因子等。

無論是學術型知識或是生活型知識，其知識在周遭社群之間的傳播發展，可以分成：內化、外化、客觀化三個層次的循環。從個人微觀角度來分析：1.內化：原有的知識被消費吸收成爲個人知識；2.外化：自己有目的地使用知識展開行動；3.客觀化：面對外在現實世界的回應重新修正、調整或淘汰原先內化的知識。之後，又重新內化爲個人的知識，展開下一次的知識化行動，而上一次的知識循環成爲個人經驗知識。我們便是在這樣的知識行動之中，逐漸累積成爲具有個人特色、不可替代且珍貴的生命智慧。

另外一方面，從社會整體方面來分析：1.內化：某些社群（或知識社群）、團體、族群、組織等，原本屬於自己內部成員們相互之間的知識；2.外化：向外傳播、擴大到其他領域；3.客觀化：原社群及被傳播社群因爲其他社會因素而展開融合、修正、調整、轉型或淘汰等。

因此，無論是被區分的學術型知識或是生活型知識，本身都是一再動態發

展的過程，並因而影響社會，也同樣的受到社會的影響，進而在各個時期中產生在當時其知識的「社會型」特徵與內容。

二、「學術型」知識的科學哲學

對於知識研究的科學哲學中，習慣將其分為三層面：本體論、認識論、方法論，也就是在「知識」普遍的定義：「知識」是一組「相信」為「眞」的「信念」並能使用在特定目的之上。可以將其區分成「眞」、「相信」、「信念」等三個命題的本體論（ontology）、認識論（epistemology）、方法論（methodology）等三個層次，進一步分析與論述。

1.本體論

為「眞、相信、信念」三者分別不同的本體論思考，究竟是：實在主義（realism）、觀念主義（idealism）、建構主義（constructivism）等。或是「知識」是完全絕對存在（實質論）、絕對不存在（只存在名稱的唯名論）。

而我們認為「知識」是相對存在及建構論，也就是，眞理暫時存在，但是，眞實性是被社會所建構出來，而且想要進一步了解的是，究竟被社會中哪些特定機制所生產而來。

2.認識論

要討論的是我們對「眞、相信、信念」三者的認知為何，像是：「眞、相信、信念」是超越自身經驗的（先驗）或是需要自己親身經驗（後驗）才成為知識本身。而我們認為知識是社會經驗而來的，且無論是先驗或是後驗的知識皆是如此。

3.方法論

　　爲討論獲得知識的各種方法，或是要用什麼樣的方法所得到的知識才是知識。像是：量化、質化等研究法，或是演繹法及歸納法等。甚至於我們還要討論其中另一個重要的知識命題，就是：知識是重視科學、理性、客觀、脫離發生情境的理論研究「唯理主義」，或是更加重視實用性、經驗性的「經驗主義」等。然而，其實各種知識派別及觀點，都擁有其各自對於知識所採取的觀點且各有特色。而我們認爲「學術型」知識的研究法是被建立在當時社會認定的方法中而來，所謂的「嚴謹性」是一種社會型特徵。

　　此外，我們發現構成「知識」的要件，除了上述「眞、相信、信念」三個要件之外，還要「能被使用於特定目的」，所以回過來從知識的功能性出發，從「知識功能主義」角度來看知識，以及上述構成知識的「眞、相信、信念」要件，認爲只要能使用於當事人其特定目的之功能，由「眞、相信、信念」三個要件所構成的知識便存在。因此，屬於學術型的知識類型，重要的是它對於當前的學術特定領域要有其功能，只要有價值與貢獻則無論其屬於實證、否證、批判或詮釋等研究方法或其他路線，皆可成爲學術型的知識。

　　同樣的在另一方面，屬於生活型的知識類型，更重要的是它對於當事人在生活活動上有所功能，該知識將被信以爲眞，而其研究法是否科學、本體論觀點又爲何等，相較對於生活上的幫助，已經不是非常重要，更何況大多學術型知識，爲了要滿足所謂的科學研究方法，雖然在研究過程中精美的推導且並無瑕疵，但是卻與現實狀況脫節，成爲「象牙塔內的知識」。

　　因此，站在「知識功能主義」的角度來說，知識本身的定義爲何已經不重要，更重要的是能被當事人基於特定目的而使用，才成爲「知識」，而學術型知識亦是如此。因爲所有的知識無論其是否眞實，都需被使用者信以爲眞，而信以爲眞是在於是否能被使用，當使用於特定目的能產生功能性之際，知識便會成立。相反而言，在當時如果不能被特定使用者在特定目的使用時，「眞、相信、信念」三要件同時瓦解，對於此特定使用者而言，該知識將不成立，但

是同樣的對於不同使用者正好產生功能時，該知識卻又成立。所以，很明顯的是能做為特定目的使用的功能性，是判斷是否為知識的重要關鍵。

三、「生活型」知識：日常活動需求為知識之母

　　由於能做為特定目的使用是成為知識的關鍵，因此當成為學術型知識及科學知識便需要運用當時社會在該領域「公認」的研究法，才能產生一組能被相信的信念，而且更重要的是能對於專業領域有貢獻價值。然而，在學術型及科學知識以外的生活知識，同樣地判斷是否構成知識，其重點同樣地也在於是否能做為特定目的使用。也因此，許多學術知識及科學知識更是以科普方式向社會大眾進行知識傳播，讓這些知識更為有用，並結合到人民的日常生活之中。

　　對於社會大眾而言，有助於個人生活上需要的各種信念，便會成為知識。因此，對社會大眾的生活型知識來說，更是強調知識在日常生活中的可用、好用、實用、有幫助等功能性，而知識將包括日常生活所有食衣住行一切範圍。所以，進一步來說，運用在日常生活中生活型知識及其知識生產及消費方式，在目前各地早已打破過去僅以單一的菁英人士、知識份子及統治階級等少數上層階級的專有權力，已成為各階層全民的日常生活活動，也就是任何階級、族群、角色、位置等成員皆可以自由的生產、使用及消費一切所相信的知識。

　　另外，過去的知識生產是上層的、菁英的、知識階級的事情，一般社會大眾是被動的知識吸收者。此「二分法」在目前社會中已經逐漸打破，像是：菁英階級與普羅大眾階級、知識及非知識的界定、科學及非科學知識疆界、中心知識及邊緣知識等區隔，過去「二分法」的邊界已經模糊且並不重要，像是：目前「維基百科」等便是全世界各地的社會大眾，展開集體協作的知識生產與消費使用之方式；或是「區塊鏈」概念便是去中心化並且對特定對象展開知識連結所形成的網路社群等，而這都是集體完成的知識系統。

四、「知識功能主義」：一切有用的信念皆能成爲知識

如上述分析，站在知識功能主義之下，能夠做爲個人在特定目的使用的信念，才會變成「眞」及「相信」，也才成爲知識。因此，知識的生成方法及來源便是多元而豐富，而且僅依賴一種知識的生產機制將造成風險性，即使是採取最嚴謹方法的學術型及科學知識本身也都一再調整變動，甚至有時候還推翻之前的知識。

所以，知識是可以來自多元、多方管道，而且知識的形式與類型分類已並不重要，例如：在過去喜歡去區分什麼是數據或資料（data）、訊息（message）、情報（information）及知識等，認爲數據、訊息、資料、情報等都不是知識的形式，而是需要經由整理消化及產生價值之後，才成爲知識。這種說法在目前已經並不適用，而且在我們目前的網路及資訊社會之中，也早已無法清楚區分哪些是數據、訊息、資料或知識，像是：大數據本身就是數據、資料、訊息及情報形式，只要能做爲特定當事人在特定目的使用時，便是知識。

尤其在生活知識方面更是如此，只要任何所相信的信念在特定場合及目的中產生用處，就形成知識，而且這種知識是屬於親身經驗而來的知識，並不是先驗知識。雖然不一定理性，但是，完全的理性並不存在於世界上，因爲理性本身以及構成理性的條件等，也是由當時社會所認定而來，且在古今中外不同地區而有所不同，理性是由人們所認定而來，而人們本身就不可能完全理性。

五、知識共生系統：被當前社會縫合的學術型與生活型知識

從目前社會中知識的生產及消費方式，已經不再像過去被少數學術、科學或其他所謂的專業人士獨占，在現代社會由於教育愈來愈加普及至社會各個階層，加上網路的多重資訊管道及知識傳播的無遠弗屆，以及資訊社會中廣大民眾對於資訊的使用成為日常生活的重要特色等，有關知識的生產與消費已經成為全民共有、共享、共生的日常活動。因為資訊及網路的知識媒介，使得不同社會階級、地域、時間、種族及社群的民眾獲得可以共有知識及共享知識的機會，而知識生產與消費逐漸成為全民的日常生活活動。因此，整個知識的生產方式以及知識系統的建構也打破了社會階級，不同的社會角色與位置等皆能參與其中，因此形成一種「知識共生系統」的社會特徵。

「知識共生系統」概念，是說明架構在現代社會中，由於教育普及、網路發達、知識生產分工清晰與細膩的社會背景之下，目前為各地所有人都能參與知識生產並且形成各種共生的系統。知識研究由跨界與對話的方式進行，其中，跨界與對話指的是：(1)知識生產者的族群、階級、年齡、性別等。(2)知識合作團隊成員。(3)知識生產的時間與空間。(4)知識不同領域，像是：學術型知識與生活型知識、或文理工醫不同專業等。其各種跨界與對話的知識生產現象，知識為相互引用且集體生產的一種共生現象，並有別於其他時代的知識生產特徵。

我們可以再分別從空間、時間、主題分類等加以分析及論述分析，發現過去知識生產的空間及時間是特定且被區隔開來，例如：大學或各級教育機構、固定開放地點與時間的博物館、圖書館、研究單位等等，這些在空間上是「知識的聖殿」。然而在目前社會中其時空界線早已模糊，知識學習及消費不再只是在特定時間與場所，而是早已融入我們的日常生活一切活動之中，像是：網

路學習、行動閱讀等。另外，在知識主題方面，各種食衣住行各所需的知識都是主題，並且已經無法區分主流知識及非主流知識。我們看待知識及整體世界的方式已經有所不同，當前的「知識共生」縫合了過去被區分的學術型知識與生活型知識，以及各個不同社會階段、社群等各自相信的知識。

六、知識的「使用」、「真」、「相信」及「信念」都是社會的

因此，站在「知識功能主義」來看，重點在於知識是否能做為特定目的使用。但是，特定目的及其使用方式等二者都受到社會影響，並與社會互動而來的，像是：農業社會、工業社會、後工業社會等，不同社會發展階段其個人在日常生活中的特定目的及使用方式，便會有所不同。

另外，對於何謂「真」也與是否能被使用有關，如果當事人在剛好的時空等社會環境條件之中，能使用於特定目的時，便會信以為真，認為這是知識。因此，「真」也是社會的。

而「相信」本身是社會的，因為「相信」本身是具有特定意識的成分，「相信」是行使了不平等的知識權力。也就是，我們對於某些機構、來源、方式等，所提供的知識將更容易相信（或不相信），但是這些機構或機制卻是社會的。換句話說，「相信」本身便是當時特定機制其知識權力行使的過程與結果，像是：特定單位或組織、菁英人士等所生產的知識比較具有說服力，某些特定「知識中介者」成為一種知識的品牌，並各自擁有廣大的知識愛用者，或是用所謂的「專家」稱呼，被稱為專家的人士具有知識傳播的微權力等。另外，「相信」本身也是具階級性的，因為在社會上不同階級的人對於構成「相信」的條件及其來源便有所不同，像是不同宗教信仰的人，相信的神明便會不同。

　　而「信念」本身（相信的對象）更是社會的，「信念」呈現的方式是符號象徵的性質，例如：不同的語言、文字、圖騰、符號等，都是傳遞「相信」的象徵內容，並與個人產生互相影響。

　　綜合而言，在目前社會發展中，知識功能主義（知識的可使用性、實用性）更重要於知識形式主義（知識的形式、類型爲何）以及知識內容主義（知識的內容爲何，知識內容如何做到科學或客觀理性）。並且，站在知識功能主義的角度再進一步分析，我們會發現到：無論是知識的使用性以及構成知識的眞、相信、信念等條件，都是社會的。並且，知識與社會相互緊密互動，知識將改變社會，社會也將帶動知識，而每一個時期的知識都具有其當時的社會型特徵，目前在社會產生了「知識共生」的特性。

第三章　知識已死？

壹、知識的終結與謬誤現象

一、反思知識發展帶來社會進步抑或加速毀滅？

　　過去因為宗教與政權合一的統治，使得人民被各種統治階級的意識型態所蒙蔽，不過，從啟蒙運動以來至今各種大量生產出來的知識，卻還是無法讓廣大社會大眾脫離蒙昧。新的統治階級與意識型態依然換了另一種形式出現在社會之中，甚至部分當代的知識內容、研究方法也服務於上層階級而生產，像是：大量號稱科學研究，其實卻是用來幫忙為特定商品與其資方的商業利益來背書。

　　知識發展至現代社會之中，是一個講求教育普及、除魅化、科學至上等社會特性，理應形成一個「知識烏托邦」，就是一個以追求各種知識所建構而成的新世界。尤其這是一個「知識共生」的時代，在目前社會上到處充滿各種大量的知識，尤其是網路科技社會之中，大量知識更容易被民眾們即時的、十分方便的取得，整個知識發展也更容易被快速生產、運用及再生產等，因此，在對於知識至上的追求與快速普及、全民參與等現象之下，理應形成「知識烏托邦」社會。可是，到現在我們卻未見知識帶來一個更理性、準確、邁向真理與一片穩定祥和的知識烏托邦社會，反而，我們見到的卻是因為各種知識的快速發展，現在造成了地球暖化、自然災害頻傳、戰爭不斷、人為破壞、戰爭，以及社會災難層出不窮、事件頻傳，而且由知識帶來的整體環境與社會的破壞力反而更強大且更加快速。

　　這些現象並不只是基於少數、特定民眾，由於學習特定知識而加速對大自然資源的豪奪強取，或是部分人士吸收特定知識造成社會更大的危害等。其實在我們自己的日常生活周遭之中，更是出現數不清的、由知識帶來的各種「烏

事」現象，也就是，你認爲知識應該帶來社會進步，因此不應該會發生但是卻還是一再發生（甚至擴大）的奇奇怪怪事件。所以，我們不禁要問的是：究竟知識發展是帶來社會進步？還是加速社會毀滅？

二、反思「知識的現代性」及其謬誤現象

在知識愈來愈豐富的現代，社會上卻是各種知識謬誤事件層出不窮，除了一方面說明，知識並不是理性的對象，而是民衆相信的事物，然而知識也不是科學知識而是生活中的信念，簡單來說，知識是一種由社會所建構並爲當時民衆們相信的對象。

無可避免的，就連許多最嚴禁的科學知識（或眞理知識）一再被發現與修正，甚至被完全推翻。更新之前的知識，將帶來各種社會衝擊，原本民衆相信的、嚴謹的知識，在知識發展歷程中，發現之前所相信的對象卻是錯誤的，尤其是重要的、直接攸關自身人命安全等知識的新發現或修正，總是會令人感到錯愕與荒謬，甚至無法置信之前如此權威的知識竟然是一場錯誤，像是在過去科學研究中，認爲「鐳」的放射線可以治病，並生產各種「鐳」的商品，像是：牙膏、衣服等日常用品，後來卻發現「鐳」會致癌等科學謬誤[1]。

但是，這種層出不窮的知識錯誤卻是無法避免的現象，這是由於科學進步、進一步的發現，而對於社會產生的知識衝擊現象。只是，這種科學進步的知識更新現象，至少說明了一件事情，就是知識本身不是呈現出永恆不變的眞

---

[1] 有關科學知識的謬誤現象著名案例之一：「鐳」商品。原本發現「鐳」具有放射性，因此「從1910年代開始，美國鐳企業（United States Radium Corporation）生產著名的UnDark發光塗料，指示工廠女工在軍事手錶和儀表板上繪製數字。公司誤導她們相信顏料安全無虞，並支付不錯的薪水來減輕疑慮。由於這項工作極注重細節，因此女工經常用舌尖舔拭筆尖，使畫筆筆刷頭更精緻地替表面上色。這群高中畢業剛成爲社會新鮮人的年輕女性，每天都會重複這個動作數百次，而每次也會攝入少量的鐳，毫無疑問地她們沒有意識到直接食用鐳的危險性。大約十年後，這群鐳女郎（Radium Girls）開始一個接一個因病死亡。」（Mumu Dylan，2017）

理（意即，沒有或是極少數爲眞理知識），因爲如果是眞理就不應該產生變動的現象。

然而，由於科學或理性的知識一再進步，而更新民眾們對於之前科學知識相關事物的錯誤認知與行動，也造成社會上科學知識衝擊現象，且還只是基於追求科學與眞理的知識本身而已。也就是，是純粹以知識爲本位、知識至上的各項發明、研究等追求知識的工作，因新知進而帶來社會改變或衝擊等，是一再發生不可避免的現象。在此之外，在現代社會中的知識也因爲被特定人士基於特定目的而使用，出現「知識意識型態」的現象，並因此造成更大的社會問題。

「知識意識型態」爲反思現代社會中，知識做爲特定人士基於特定目的使用的工具，知識被生產的意識型態所綁架，生產者及生產目的左右了知識生產的方向、內容、框架、甚至對錯，像是：各種知識爲了商品銷售、資本積累等，公開於網路或是其他媒體的資訊是有其特定目的性；或是知識服務於政治，透過各種有說服力知識媒體左右選舉結果等。更何況，在目前的社會之中，上層與下層階級已經交織且不容易完全區分開來，所以，知識的目的性更是複雜且交織並隱藏於知識背後。

反思知識的意識形態，知識經濟在資本主義背景下，做爲一種資本對象並運作形成整套系統。知識不僅淪爲商品，資本主義運作的基礎也來自於知識運用（像是：效率化、降低成本及風險、大規模生產、市場等都是知識），網路等科技媒介爲這些知識的載具，提供更快速與無遠弗屆的散播，造成使用知識的目的在於更有效的資本積累。也由於知識經濟在專業分工的現代社會中，知識一方面被碎解化、複雜化，一方面築起高牆成爲專門領域，另一方面同時出現許多具有知識權力所謂的「專家」們。「專家」不僅成爲一種「知識品牌」，也參與表演一齣齣的「專家劇場」，在各種知識媒介傳播管道提供的劇場中，演出知識活動的儀式，呈現出多彩繽紛的專業奇觀並從中獲得利益。

在多元開放的社會中，由於知識做爲特定目的使用，使得知識不再重視其

眞實性，而更加重視知識的效果性，如此造成不同社會族群的民眾們，對於他們所相信的事物愈加「信以爲眞」，並彼此之間產生不斷的衝突。

另一個現代社會的知識謬誤現象，卻是來自於「專業分工」中的「專業」。由於在現代社會中發展出更廣泛、複雜、艱深、微細等龐大的知識系統，使得專業者在社會分工中能賴以維生、扮演重要角色，於是出現所謂的知識經濟社會，及講求各種專業證照的社會現象，例如：各種社會分工下的專業執照，像是律師、建築師、會計師等，這些人因爲知識過於複雜，加上社會以專業進行分工運作，使得專業者得以專門知識而存在，且分工愈來愈細膩。

或是，在規範專業的相關法規方面，法規本身是用於規範那些是非對錯的事物等，由於在現代社會中法規過於複雜，而造成需要有專業化、專門化的角色。只是我們不禁要問的是，複雜化的法規除了讓一般民眾看不懂而提供專業者生存之外，複雜的法規是否協助社會走向正途，像是：某些法規看似明文規定，但是卻無助於現況發展甚至目標轉置[2]。或是由於法規複雜到一般社會大眾無法明瞭，較高社會經濟地位者可以聘請更好的專業者爲其服務及達成其目的，而加深貧富差距等。

在現代社會，知識專業分工化，其不只存在於狹義的專業者本身及其問題而已，在廣義方面，另一個專業分工的社會荒謬現象，在於社會大眾們的日常生活之中，不僅要接收各種無所謂的、無關緊要卻要花很多時間去釐清龐大的知識訊息之外，在知識學習上，更是需要學習大量卻不一定對的知識，或是一些完全用不到的知識，像是：在東方地區許多學校的正規教育，所教導的知識無法使用於日常生活之中，可是學生卻要花費許多寶貴的時間，去應付考試、

---

[2] 法規看似明文規定但卻造成現況混亂及目標轉置的埃及房屋稅案例。埃及政府針對房屋稅目前似乎有了新的做法，「埃及2008年頒布的房地產稅法（Property Tax Law）於2013年開始實施，對在埃及擁有住宅的所有人課徵房屋稅，但不追溯既往。」（開羅臺灣貿易中心，2012），不過，如圖3-1及圖3-2所示，在埃及開羅等地的現場調查，埃及對於房屋稅的收取方式，是當建築物正式完工之後便需要向政府進行繳納，因此，埃及的建商們道高一尺、魔高一丈，紛紛在蓋好建築物時，刻意不將外牆貼上表面材料、露出大樓內部紅磚等結構，或是故意不加蓋屋頂表示尚未完工，可是有趣的是，建築物內早已有住戶搬入居住，因此，也造成埃及開羅等地，整體市容觀瞻極差，感覺十分落後。（資料來源：2012年埃及開羅現場的調查研究分析）。

湊滿學分數、趕快畢業以拿到文憑學位。

　　另外，現代社會中的分工本身也是產生許多鳥事的原因之一。由於為了有效運作，造成社會體系分工切割成不同部門，分工的愈是細緻，卻僅能獲知特定領域的知識，而造成知識的狹隘與偏頗，並對於其他領域產生不了解或誤解，且由於專業的片段化、細碎化，使得自己不能脫離、更需要依賴整體社會其他所有部門才能生存，而產生的許多知識鳥事現象。

　　無論如何，我們在現代社會中，許多知識不再是（也無法是）純粹的真實，也不是真正對的事物，而是被我們所相信及使用的對象。因此，知識內容與知識系統都是被社會建構而來，尤其，我們生活在各種知識的符號象徵等，在日常活動中與各種知識產生互動，知識聯繫個人與社會之間的關係，並藉此產生各種價值與意義等。知識是與不同人在生活上互動的相對過程，而不是絕對固定的結果，因此，無法避免地，即使我們處於一個強調追求知識至上的現代社會，但還是會出現各種奇怪現象，甚至比其他時期的社會還要更多。

圖3-1　（2012）埃及開羅全世界最重要之一的博物館其後方居然是違建大樓奇觀真是令人不可思議

圖3-2　（2012）在埃及開羅市區即可見到金字塔以及大量磚造興建中卻有人居住的房子

三、反思「知識的後現代性」及其謬誤現象

目前社會上除了存在著上述「知識的現代性」特徵之外，同時也顯現出另一種特徵爲「知識的後現代性」。在知識社會的後現代性特徵中，包括了知識全球化、消費主義、權威的瓦解以及知識的商品化等現象。

其中，在知識全球化下，由於知識的全球化傳播，一方面讓特定知識或其研究典範跨越各地並引導知識潮流，一方面在後現代社會也開始反思這股主流知識對於各地的適用性，以及許多地方因爲知識套用，不僅無法解決反而在地方上產生更多的問題。知識究竟是帶來個人更美好的生活或是更困擾的鳥事現象，像是：「美白」是一種女性值得追求的社會知識，許多地方的民眾都在生活中追求大量「美白」知識[3]。

在知識的消費主義現象中，產生知識商品化以及知識服務於商品等兩種現象，其中：(1)知識商品化：造成兩個極端現象，一方面推廣普及大量免費的特定知識，使得此類知識成爲整體的背景知識，用以滲透入民眾的日常並潛移默化成爲生活必需的一部分，另一方面則是販售更進一步的相關知識商品，像

---

[3] 知識帶來困擾生活的各種社會鳥事現象案例：白就是美的生活知識，像是：印度地區。「白就是美」成爲在現階段社會中，許多國家及地區的民眾們所想要追求、認爲是對的重要知識，全世界吹起一股美白風潮，就連在印度某些種族其天生膚色就比較黑，黑是自然且天生的美，但是，在印度地區即使天生很黑但還是極力追求美白，根據作者2012年前往印度當地時，訪問當地居民，他們某種程度說明爲何喜歡白皮膚，其實皮膚的顏色與過去的「種姓制度」有關，因此，過去的傳統文化便是認爲膚色較白象徵社會地位比較崇高，加上印度過去被英國人統治過，以及目前全球各地都愛追求美白，因此在印度商店也販賣各種美白商品，如圖3-3及圖3-4所示，在2012年前往印度北方Himachal Pradesh時，正好遇到印度傳統結婚典禮，在典禮中也發現許多前來的賓客都刻意將自己打扮得更白（尤其是女性），是十分有趣的現象（資料來源：2012年印度Himachal Pradesh現場田野調查分析）。另外，從統計數字來看，印度在美白產品使用上，女性方面爲「印度婦女已逐漸重視外表和品味，特別是重視能夠降低膚色的產品。…個人保養品以美白霜占45%最高…」（台北世界貿易中心駐清奈辦事處，2012）」，而且不只女性，印度男性也愛用美白產品，「市場上女性專用的Fair & Lovely美白霜有不少男性使用者。Emami集團決定迎合市場趨勢於2005年推出男性專用的美白霜產品Fair And Handsome，2009年該項產品銷售額達1,300萬美元，目前該項產品在印度仍占有70%的市場。（同上）」，而且「2010年市場調查印度化妝品市場年成長率爲15%，其中美白霜占有很大比重，市場規模每年達200億盧比，其中男性美白霜約占10%，同時每年成長率達30%，亦即男性美白霜市場比重將越來越高。（同上）」。其實膚色應該因天生不同而異，但全世界各地大量民眾卻都想要消費各種商品來追求美白，形成一股潮流，以及龐大的商品市場與商機。

是：免費軟體及升級版軟體、或是容易查詢各種專業知識又同時顯現此專業者存在的必要性（像是：提供免費法律諮詢，但進一步關鍵知識需要律師及收費等）、或是一方面擴大英文語言環境成為知識環境背景又同時販售各種英文語言商品等。(2)知識服務於商品：使得民眾降低對知識的信任度，不再相信單一知識來源，利用多方管道查證知識的正確性成為日常生活活動之一，或是特定民眾只相信特定知識管道的現象，也因此造成對於特定知識「信者恆信、不信者恆不信」的現象，知識不再拘泥於真實性而是重點在於是否相信。

　　不僅因為知識商品化現象，造成知識的中心性、權威性等受到質疑與挑戰，在後現代社會中也質疑了某些知識是「大敘事」或「後設敘事」（meta-narrative）方式出現，包括：許多歷史知識觀點的正確性及知識撰寫的目的性，由於知識的去中心化而出現各種更加多元的「小敘事」知識之生產與消費現象，也就是，並不一定要是專家權威人士的說法，而是一般民眾們也能提出令人信服的各種說法。但是，也因為更加多樣化的、不同的觀點與知識類型，使得知識一方面喪失單一權威說法，另一方面造成到底哪一種知識才是正確的混亂現象。

　　另外，也由於在目前後現代社會的網路媒體之特性下產生「知識全球

圖3-3　（2012）在Himachal Pradesh的印度傳統婚禮新郎新娘及賓客都儘量美白

圖3-4　（2012）相較於賓客在現場的工作人員就非常黑而產生一種黑白的階級氛圍

化」（knowledge globalization）現象，使得知識傳播迅速、無遠弗屆、時空壓縮（跨越時間與空間距離）、全球同步等現象，因此，也產生了「知識爆炸」（knowledge explosion）的問題[4]。知識過多而龐雜，令人無所適從、不知所措，在有限的時間中無法閱讀如此龐大的內容，所以也產生了「知識串流」（knowledge streaming）現象，也就是，一般民眾設定某些人或團體爲參考對象，跟隨這些參考對象吸收知識，且對特定知識有所偏好等，而這些特定人士與機制也擁有「知識串流」的權力與影響力，並成爲「知識中介者」（knowledge intermediaries）[5]。

　　另一個因應目前龐大的知識內容與網路媒介之特性，形成了「知識社群」（knowledge community）的現象，運用網路「社群媒體」（social media），像是：Facebook、Twitter、Pinterest、Instagram、Line、WeChat等。知識社群化現象是知識在特定社會群體內相互流動、分享與再製自己的意義，因此對於

---

[4] 知識爆炸的其中一個重要的起因，便是「資訊爆炸」（information explosion）現象。而「資訊爆炸係指快速增長的資訊量及這些大量資訊所產生的影響。從1950年代開始，科學與知識即不斷突破與更新，到了1990年代，網際網路與全球資訊網促使資訊爆炸的問題日益嚴重。在1750年至1900年間，資訊量每150年時才增加1倍，到了1900年至1950年，資訊量每50年增加1倍，1950年至1960年，資訊量每10年增加1倍，1960年至1992年，資訊量每5年增加1倍，而預估到了2020年，…，資訊量每73天即增加1倍。此外，…，今日1份報紙的資訊量，比17世紀人們一生所需的資訊量還要多，而過去5000年所生產的資訊遠不及近30年來資訊之總和。資訊量的增加，使得人們在生活、工作及學術研究上更加便利、快速，亦讓管理資訊變成相當困難的一件事，導致現代人普遍面臨資訊超載之難題，因而引發身體不佳、沮喪、挫折、判斷力減弱、資訊焦慮、工作滿意度降低等症狀，因此如何協助人們管理或降低資訊超載情形，使其不致逃避或拒絕資訊，即成爲資訊社會的重要課題。（張嘉彬，2012）」。

[5] 「知識串流」及「知識中介者」之案例：中國「羅輯思維」及「Facebook晚安詩」案例。由於一方面知識過量產生爆炸，又一方面每一個知識過於淺薄化等社會現象之下，民眾雖然獲得知識的管道多元且快速，但是反而需要大量閱讀及比較其正確性，才能獲得較爲精準且深入的知識價值，如此形成「知識串流」現象。「知識串流」成爲一種專業權力及商品之現象，像是：「意義」成爲可販售的高價商品，形成「羅輯思維」及「Facebook晚安詩」的商業模式。「『羅輯思維』所建構的商業模式，是從知識產製、包裝、消費到再生產的一條生產鏈。其創辦人中國羅胖（羅振宇）先利用各類頻道演講，擴散其影響力，接著他將許多較冷僻書目的版權直接買斷，並且在演講、WeChat中，重新利用個人的獨特解釋對這類書籍評價說明，再整組銷售予聽眾，創造利潤。邏輯思維這樣的知識生產鏈，替讀者釐清了脈絡，賦予了解釋，甚至代替你思考，幫你發問了你自己的問題。但是在這個循環之中，讀者也並非是完全被動接受『意義』這項商品。他們藉由想法的回饋、社群的自體互動，創造出額外的『意義』加值行爲。…，在臺灣…例如Facebook文學粉絲頁『晚安詩』，…經過編輯對文本的摘句、極富設計感的配圖，『晚安詩』迅速成爲了擁有20萬人數的粉絲團，至今每篇文章仍有極高的互動率。（楊智傑，2017）」。

社會上某些相同的知識對象，會在自己的社群內一再循環與再製，像是：內部成員在傳播時選擇自己的觀點或者一再加油添醋等，因此產生屬於社群成員們自己所認同的內涵，而不同於其他社群因爲認知差異而認爲對方錯誤的各種鳥事現象。

　　至於另一方面也同時產生「知識壓縮」（knowledge compression）現象，像是「知識淺薄化」則有利於快速傳播，因此，知識的快感消費成爲傳播重點，有趣、好玩又容易懂的知識對象，才能更有效傳播，例如：一些「網紅」（internet celebrity、blogebrity、cyberstar、youtuber等）的影片，重視如何吸引目光及提高點擊率，但知識本身卻對於閱聽人毫無幫助或意義。另一個「知識淺薄化」的現象，就是知識本身脫離特定脈絡條件的「去脈絡化」或是「無歷史深度」知識等，其實，許多知識並不能完全適用於任何時空環境條件狀況，而知識必須要置於特定脈絡條件之下才能成立，但是在後現代社會中，知識經常去脈絡化的傳播，不同的知識之間相互交織或是產生挪用、拼貼等現象，而造成現況混亂、偏離眞實、卻又大量「知識爆炸」的現象。

　　然而「知識壓縮」，也就是面對過於複雜或難度很高的知識傳播，便出現「知識懶人包」，以「科普」推廣概念進行的整理，只是許多被整理的懶人包之中，隱藏著製作人的意識型態與特定目的。懶人包簡化了複雜的知識內容，提供可以快速傳播的特性，但也同時簡化了某些眞實狀況，例如：不同政治立場的社群，對於同一個事件對象所生產出來的懶人包內容便會不同，各種「知識懶人包」的出現說明了網路社會其知識傳播的特質與現象。[6]

---

[6]　「知識壓縮」加上「知識爆炸」現象下的網路懶人包案例：網路謠言。電鍋用自來水蒸煮會得癌症的假知識。臺灣有名的毒物科名醫林杰樑醫生早在2013年已經逝世，但是在這幾年還是有人一再利用他的名字在網路上散播「懶人包」知識，像是其中一個著名的案例：「電鍋用自來水蒸煮會得癌症」，最近還是一再地在網路及社群媒體中傳載，即使在2014年10月28日（林已經過世），他的親人還要使用臉書澄清：「網路上出現下列文章，鄭重聲明此文章非林醫師言論，請勿再轉載。電鍋蒸煮過程中氯會蒸發並不會殘留在食物上，大家不必多慮。『長庚醫院毒物科權威醫師已故林教授的文章稱：難怪有癌症的人愈來愈多，用電鍋蒸東西時，一定要用開水，或是過濾過的水，因爲如果直接用自來水，自來水有氯，再經過加熱後，由於鍋蓋是蓋著的，氯被全部包覆在食物上。所以一定要用煮沸過的開水或用已過濾掉氯的水來蒸東西。』這些不是林醫師的言論。」

　　另外，在後現代社會的知識生產現象中，也同時出現了「知識的想像」（knowledge imagination）及「知識詮釋權」（knowledge interpretation rights）的現象。

　　「知識的想像」是因為有別於現代社會或更早期的社會發展，在目前許多地區的民眾們每一個人都可以生產與消費屬於自己的知識。知識的內在類型、外在形式沒有統一標準，各種知識的生產或消費是百花齊放、熙熙攘攘、人聲鼎沸的情形，因此，更容易出現許多彼此見解不同進而產生糾紛的知識現象。而這些事件，突顯出來自於各種不同的民眾對於什麼是知識這件事，有著各種不同的想像與可能性。

　　不同社會階級、社群或角色的民眾，其對「知識的想像」也與「知識詮釋權」極為相關，過去對於什麼是知識，是由少數特定階級及其相關機制所生產出來，這些少數菁英人士透過自己的方式認定什麼是知識的方式，迄今已並非如此，而是在公民權身分的概念之下，所有人都是知識的詮釋者，像是：「集體協作」（collective collaboration）便是如此概念，是結合眾人的力量一起完成的知識生產模式。另外，「知識詮釋權」更加強調的是自己所擁有的知識自己來論述，像是：原住民自己擁有的各種生活智慧等，由原住民自己來解讀與傳承。也就是，過去經常出現知識解讀者與知識擁有者不一致所造成各種被扭曲的問題與現象，如今強調讓知識擁有者與知識解讀者二者結合，「自己的知識自己生產」將知識的話語權回到知識擁有者身上。

　　也因為上述網路消費社會的知識現象，讓現代性打造的風險社會，其風險性並沒有跟著網路及各種媒體、知識管道等而降低風險，反而某些部分提高了風險性。因此，在現代的風險社會中，對於各種政治或經濟等核心、中心帶來的不信任性及重大社會危機，像是：金融風暴、政治貪汙等事件，將資本主義

（林杰樑，2014），上述只是眾多案例之一，如此是突顯出在知識爆炸的時代中，即使是知識懶人包都有可能造假，知識被壓縮為更簡單、不需查證的形式被快速傳播的特殊現象。

的不確定性、投資取向的社會，配合網路無遠弗屆能同步串流連線的媒介特質，產生去中心化、社群間相互信任機制的「區塊鏈」（block chain）及其交易單位（各種網路貨幣等）[7]，來因應風險社會的某些社會現象。另一方面，也使用網路交易與大數據分析，以即時動態分析消費市場與精準行銷等方式來降低風險性，包括網路假消息、網路詐騙等等各種層出不窮的網路風險事件，也是此階段不可避免的、在資本主義消費社會中的現象。

四、知識帶來謬誤現象的歷史終結？抑或變本加厲一再出現？

從上述分析，可以看出知識在不同時期之中，所產生的鳥事現象以及該時期的特徵。尤其是在近代社會，從現代社會與後現代社會對於知識的生產、消費與交換等，愈來愈多人一起參與其中，也有愈來愈多知識的管道與媒介，知識不再只是少數人的事情而已。

因此，我們不禁要反思的是知識帶給人類社會，反映在日常生活之中，是要更加準確地減少各種奇奇怪怪的荒謬事件發生，抑或是變本加厲，反而讓真相更加模糊而發生更多層出不窮的各種偏差現象呢？在過去到現階段各種社會

---

[7] 因為網路資本主義所產生的全球風險社會，進而產生社群間相互信任機制的「區塊鏈」與社群貨幣等現象。其「起源於中本聰的比特幣，作為比特幣的底層技術，本質上是一個去中心化的資料庫。是指通過去中心化和去信任的方式集體維護一個可靠資料庫的技術方案」（智庫百科，2018）。然而，區塊鏈的運作方式為「…其被稱作信任機器（trust machine），…，不經由傳統的信任機構（如銀行、證券交易所、第三方機構等中心化機構），…區塊鏈…是將許多跨領域技術湊在一起，包括：密碼學、數學、演算法與經濟模型，並結合點對點網路關係，利用數學基礎就能建立信任效果，成為一個不需基於彼此信任基礎、也不需仰賴單一中心化機構就能夠運作的分散系統，而比特幣便是第一個採用區塊鏈技術而打造出的一套P2P電子現金系統，用來實現一個可去中心化，並確保交易安全性、可追蹤性的數位貨幣體系。…交易驗證…，產生一筆新交易、各節點將數筆新交易放進區塊、決定由誰來驗證這些交易、取得驗證權的節點將區塊廣播給所有節點、各節點驗證並接上新區塊（其他節點會確認這個區塊所包含的交易是否有效，確認沒被重複花費且具有效數位簽章後，接受該區塊，此時區塊才正式接上區塊鏈，無法再竄改資料。）、交易驗證完成。」（辜騰玉，2016）。

現象之中，反映出雖似乎大量擁有知識卻並未達到知識荒謬現象的終結，而且，因為大量知識讓不同族群、階級、地位、角色等各種社會大眾們，產生各自相信自己在過去原有的知識脈絡之下所相信的知識。有趣的是，不同的社會成員面對相同事件，由於知識背景不同，便各自解讀、轉譯、調節成為自己想要相信的內涵與意義，以及轉用到各自特定目的使用等。因此，知識似乎並無法帶來各種謬誤事件的歷史終結，而甚至知識本身在各個時期之中，還產生在當時期發展的新特徵現象。

　　由於知識是社會的，既然知識是社會的，而社會本來就會且應該存在各種多元的社會現象，而非單一（也不可能）只有一種社會現象，因此各種知識使得不同社會產生各種社會現象的可能性，也產生彼此無法了解或造成衝突的現象。也因為知識是社會的，而社會並非靜態且是一個動態的進程，知識反而在社會變遷之中扮演重要的角色，也就是，知識衝突現象具有社會功能性。

　　反而，因為知識一再大量的發展，讓我們在社會上不同位置與角色的個人，能擁有各種不同、豐富又複雜的知識背景及想法，豐富整個多元社會。人民因為「無知」而容易被掌控，所以當人民因為「有知」必定會帶來更多知識衝突，這是無法避免的甚至應該更加鼓勵。如此，知識不會帶來謬誤現象的歷史終結，反而只會變本加厲。

貳、知識做爲一種「觀看」（looking）與 「凝視」（gaze）

一、世界因「觀看」（looking）而存在

我們是透過觀看來感覺到、並參與在所觀看到的世界之中。所觀看到的世界（視野）是由觀看的視角而得，不同的視角會看到不同世界的樣子，因此，視角是「能看」，而視野是「所看」[8]，視角是看的角度與力量狀態，視野是基於視角所看出去的面貌狀況，而且觀看不只是看本身而已，更是觀看者自己投入並參與其中。

觀看不是毫無目的地看出去，而是具有特定意圖、企圖或目的的看，是一種有選擇性的看，因而觀看具有社會行動的力量，也是一種社會實踐。我們會選擇看這個而不看那個，是基於認同或排斥等等因素，而這些是被社會形塑而來的，例如：在中國傳統的儒家文化中《論語》提及：子曰：「非禮勿視，非禮勿聽，非禮勿言，非禮勿動。」[9]，便是在述說著應該遵從「禮」（視角）去觀看世界（視野）的範圍，而不要「非禮」。

觀看的視角使得個人能和目前社會產生連接關係，視角是由個人過去生活

---

[8] 在此的「能看」（視角）與「所看」（視野），並不是源自於Saussure所提的「能指」（符徵，signifier）及「所指」（符旨，signified），Saussure的能指及所指爲使用於對既成符號（語言等）的解讀，在此爲創造實踐出特定行動之用法。

[9] 此古文全文爲：《論語・顏淵》顏淵問仁。子曰：「克己復禮爲仁。一日克己復禮，天下歸仁焉。爲仁由己，而由人乎哉？」顏淵曰：「請問其目。」子曰：「非禮勿視，非禮勿聽，非禮勿言，非禮勿動。」顏淵曰：「回雖不敏，請事斯語矣。」白話譯文爲：顏淵問仁。孔子說：「用堅強的意志、頑強的拼搏精神，主持正義、捍衛道德、維護和平，這就是仁。一旦做到了這一點，普天下的人都會崇敬你、追隨你、向你學習。爲崇高理想而奮鬥要靠的是自己，難道還能靠別人嗎？」顏淵說：「請問其詳？」孔子說：「違反禮法的事不要看、不要聽、不要說、不要做。」顏淵說：「我雖不才，願照此辦理。」（中國哲學書電子化計畫，2018b）

經驗的知識基礎中，對於現在這個社會的事物對象進行辨識與實踐行動，因此不同的社會經驗者，即使面對同樣一件事物對象，也會出現不同看出去的視角，以及被看到的視野。例如：同樣一個戰爭事件，記憶本身便是一種視角，由記憶產生的視角，加害者與受害者等不同的社群，會產生完全不同的視野，而集體記憶便是說明特定社群對於特定視角的集體性程度。因此，視角同時也展現著隱藏於背後的觀看者立場。

　　世界並不是毫無意識地參與，世界透過觀看而存在特定視野，視野是視角所看的對象，然而，視角本身是一種「凝視」（gaze）過程所形塑的結果。其中，各種知識經驗在形塑特定凝視的過程中，扮演著極為重要的因素，各種知識集合形成個人對於特定事物對象的凝視，是個人其過去長期於日常生活與社會中各種知識互動而成。

二、由「鏡像」（the mirror）產生被「凝視」（gaze）的世界

　　在目前所形成的凝視，是個人長期接觸各種知識的被教育與學習而產生。個人最早的凝視，如同是Jacques Lacan提出的「鏡像階段」（mirror stage），他認為小孩子從嬰兒時期剛開始意識到有外在世界存在時，會對於外在世界的反映產生認知，並且因為受到外在世界所回應的一切而感到自己存在的樣子，就如同看不見自己，但是可以從鏡子的反映中看見自己，然而那一個自己其實是受到外在世界反映的影響（杜聲鋒，1989：127-58）。像是：性別學習與日常用品之關係，小孩子的穿著與玩具等，一開始便受到父母親的影響且同時展現了他們所知道的各種性別知識，小孩子也是透過外在世界的看法進而逐漸學習成為「自我」。

　　不僅是小孩階段，我們與社會透過在長期生活的互動中，形塑出所謂「自

我」的樣子。「凝視」的形成，是個人對於各種知識的教育與學習中，產生暫時性的歸納狀態。像是：性別角色，或是各種社會角色（例如：「君君、臣臣、父父、子子」便是說明不同社會角色其自己應該有的樣子，而且彼此之間的階級關係，以及形成整體的社會倫理秩序），或是什麼才是對的、值得追求的、勝利的、成功的事物及人生等。

　　我們在每日的日常生活活動，是一種非刻意或刻意的凝視，以及由其所展現的實踐行動，讓人們有別於其他生物物種，而過著所謂「有意識」的生活。在生活中的凝視及其視角，不只建構與實踐了生活方式及特性，以及看待社會事物對象所產生的視野其框架及內涵的價值與意義等，不同社會大眾其個人有不同的視角及凝視，而凝視差異也造成了社會上個人不同的競爭優劣局勢，而其中，知識就是扮演基本且關鍵的角色，知識是一種凝視下的產物，因為透過知識「凝視著」（gaze at），產生特定視角並同時見到特定的視野。

三、由「生產的凝視」與「消費的凝視」構成的日常生活

　　日常生活中的各種知識其建構了凝視形成的過程，另外，在專業知識同樣也是如此，以下我們可以再進一步分成：「生產的凝視」以及「消費的凝視」兩個層次，來進行分析凝視與我們所處現實世界的關係。

　　在「生產的凝視」中，就如同Foucault對於醫生知識訓練與臨床診斷的研究，他在研究中認為醫生對於病人其「病症」與「徵候」的診斷是專業知識領域[10]，而專業知識便是一種凝視的訓練過程，他同時也指出博物館學等本身為

---

[10] 有關「病症」與「徵候」的診斷是專業知識領域，Foucault在其書中的第六章中敘述著「徵候與病症」中，我們看到一個廣泛的臨床領域：「通過混雜而模糊的症狀皆是一種疾病的根源和起因；認識它的形式及其引起的併發症；一眼就能分辨它的各種特徵和差異；通過迅速而精細的分析把它與其他各種關係的事物分離；預見在整個疾病過程中可能發生的良性或惡性情形；利用自然本身提供整個疾病過程中可能發生的良性或惡性情形；利用…最佳治療；估量…轉動；根據需要增強或減弱它們的能量；準確的決定何時採取行動、何時應該等待；

了讓知識系統化呈現，並且能清晰描述現實世界的面貌，所以，將現實世界的各種物件加以系統性的分類與詮釋說明，也是一種對於現實世界物件的專業凝視。[11]

Foucault以「符徵」與「符旨」來進一步說明症狀與徵候的專業判斷，他認為在病人其生病部位的症狀及病徵，是由醫生以專業知識來加以指出，由於意識的介入使得病人的症狀變成徵候。[12]因此，對於Foucault的研究，意識的介入是一種專業知識的訓練與現場臨床判斷，因而讓症狀與徵候之間產生連結關係，而這是專業知識的凝視過程。

在Foucault對於醫學訓練的研究中，可以看到專業訓練與臨床診斷都是一種知識的凝視。然而，在其他的專業知識領域之中也是如此，例如：不同專業者都會出現一種所謂的「職業病」，「職業病」便是一種習慣性的專業凝視之趣味性說法。「職業病」像是同樣一位病人的病狀，不同位西醫與中醫對於病徵及其患病原因的看法，便會截然不同，然而，二者都是不同專業知識訓練產生的不同凝視。

或是，在社會上發生同樣一件事物對象，在醫生、律師、建築師、美容

各種治療方法的利弊加以權衡，信心十足地做出判斷；選擇那種見效最快、最適合、做有把握的方法；…」（Foucault, M著／劉北成譯，2001：96）。臨床診斷本身是現場要緊急做出專業的判斷，也就是，透過醫生的「視角」看出去的「視野」是病患生病部位的症狀，並做出專業判斷，是有選擇性的「觀看」。

[11] 對於博物館學及醫生診斷等專業知識，Foucault說明了「從十八世紀後半期起，博物館就開始根據自然物的可見性質來對其進行分析和歸類。…。博物學自命的任務是給他們定位，把它們改寫成話語，將它們加以對照或綜合，目的在於一方面能夠確定有生命物的相鄰關係或親緣關係（從而確定宇宙的統一性），另一方面能夠迅速的辨認每一個個體（從而辨認它在宇宙中的獨特位置）。臨床教學（指醫學）對於凝視的需求並不亞於博物學研究。在某種程度上，二者幾乎完全相同：要求凝視去觀看，去辨出特徵，去辨別出相同的東西和不同的東西，按照種和屬加以分類。…醫學的凝視…它不再是隨便任意一個觀察者的凝視，而是一種得到某種制度支持核定的…」（Foucault, M著／劉北成譯，2001：97）。

[12] 對於症狀與徵候二者之間的關聯，Foucault認為「臨床方法的形成與醫生的凝視進入徵候和症狀場域緊密相連，…，所指的本質-疾病的核心-將在能指的可理解的句法中被徹底消化。症狀建構了一種能指和所指密不可分的初級層面；意識的干預將症狀變成徵候（徵候與症狀是一碼事，訴說這相同的事物。唯一的差別在於徵候所敘述的是症狀本身。就其物質現實而言，徵候等同於症狀本身；症狀是徵候必不可少的支撐形態。因此不存在沒有症狀的徵候，但是徵候之所以成為一種徵候的卻不是症狀，而是出自於其他地方的行動。）」（Foucault, M著／劉北成譯，2001：99-102）。

師、工程師、科學家、宗教家等不同專業，由於知識背景不同，所解釋的內容將依照自己的專業進行解讀，所以，獲得到的內容便會有所差異，不僅解釋內容因為專業知識不同而有所不同，也因為不同專業者其各自擁有不同的專業視角，即使是遇到相同一件事物對象，也會因知識不同而見到不同的視野與重點。

我們因為現代社會講求專業分工之下，每個專業者各自學有專長，通常在日常生活中看到同樣的一件事物，卻因為自己的專長領域，形成一種專業的凝視，看出去的樣子選擇了我們自己想要看到的樣子，而不是事物對象本身完整的樣子。因為，對於「所看」對象的樣子與詮釋它的內容，是基於「能看」知識所賦予而成，同樣的，由於自己「能看」的狀態也影響了「所看」對象的樣子，因此，二者互為影響。然而，這也是不同生產者在其不同的生產過程之中所產生的特定凝視。

另外，在「消費的凝視」方面，社會上由各種消費知識建構出什麼是好的消費生活，消費知識提供消費生活方式的各種凝視過程，也就是，消費凝視產生了什麼才是好的、正確的、值得消費的符號與價值等。通常消費的凝視與生產的凝視採取不同的觀點，然而二者都是由各種社會權力機制所建構而來，並且二者之間相互影響。例如：在資本主義的社會中，「市場導向」的思考便是一種生產凝視基於消費凝視的相關知識，在生產時所做的修正，也就是「商品化」轉向。

同樣的，不只是各種日常生活中的商品是生產者以消費凝視的視角，重新安排生產模式與其產物，就連科學知識的生產也同樣受到影響。例如：科學知識的商品化，某些具有商業價值的科學研究比較多人投入，反之亦同。或是，醫學知識學習者亦會斟酌市場行情來選擇投入哪一個專門領域，像是：在全世界各地的整形外科醫學美容，近年來擁有龐大商機，許多醫生便紛紛投入此專業領域。

在消費的凝視中，各種知識提供民眾朝向建立一種屬於自己的整體生活風格，生活風格其實是被社會所建構的，是一種什麼是好的、有自己特色的生活

型態，例如：「優雅」**13**等。因此，民眾需要透過各種消費知識及購買各種商

---

13 消費的凝視：「優雅」的日常生活知識與法國巴黎城市。「優雅」是一般大眾在生活中喜歡的生活風格，而「優雅」生活也是許多知識所論述與構成，也是一種凝視下的產物。如何在日常生活中讓別人凝視出自己屬於「優雅」份子，需要學習「優雅」的相關知識，而「優雅」的知識背後，隱藏著每個人（消費者）可透過追求各種名人知識及其週邊商品而獲得，像是：Kaufman將「多位古今中外名人、素人的事蹟、態度與日常行為，在這個不優雅的世界中篩選出各種優雅作為，頌讚各領域動人的優雅時刻，引領讀者端詳探討『優雅』的各個面向，期盼大眾重新認識這個或被遺忘、或被誤解的『美德』，…，肢體優雅和社交優雅的深刻思考發人深省。優雅，其實是『民主』的美好展現，人人皆能優雅。」（Kaufman著／郭寶蓮譯，2016），他認為在目前充滿不優雅的社會中，「優雅」做為一種美德、民主展現等知識，是一種值得追求的風範。也像是在法國巴黎城市中散發出一股「優雅」的風格，建構這個優雅風格的所有產品都成為觀光客必買的紀念品，如圖3-5、圖3-6、圖3-7、圖3-8等所示，法國巴黎被眾多象徵「優雅」的符號構成整座城市。然而，觀光客的凝視卻是與法國當地人不同，在當地的居民接受訪談調查時，曾說出：「法國是法國，巴黎是巴黎，離開巴黎才能進入法國。」這是眾多當地人的聲音，卻與觀光客完全不同，巴黎象徵「優雅」的法國，這是觀光客的凝視。（資料來源：2013年法國巴黎現場的田野調查記錄與分析）

圖3-5　（2013）法國巴黎凱旋門現在成為觀光客進入「優雅」城市的入口意象

圖3-7　（2013）香榭大道也是構成巴黎為「優雅」風格代名詞的重要街道而且兩側佈滿高級名牌商店

圖3-6　（2013）巴黎鐵塔不只是鐵塔而是象徵「優雅」的重要地標

圖3-8　（2013）維納斯更轉身成為「優雅」美感的代表者

品來「完成」想要的生活型態，也可以說，消費凝視是以各種消費知識為視角，看到各種外在世界符號化編碼的視野，並進行消費蒐集行動，例如：社會上對於某些特定品牌，運用各種知識管道形塑為流行風潮，消費者以此視野看到的衣物是符號，所購買的是價值，因此高價昂貴更能襯托符號的珍貴性，同樣的，家庭內部擺設、住宅外觀、車子交通工具、日常生活飲食等各種風格都是由各種符號所象徵，消費知識提供凝視的視角與視野使其所見並非只是物質表象，而是擁有特定的內在價值、象徵與意義等，尤其「性價比」的消費知識（CP值，cost-performance ratio，為商品展現的價值與價格的比值）。

　　不僅在自己的居住地生活中具有消費視角的凝視過程，前往其他異地進行旅遊時，也是帶著觀光客的凝視前往旅遊當地窺視以及進行異質空間的符號消費與蒐集。Urry及Larsen也藉由Foucault所提出的凝視與權力關係之概念，提出了觀光客的消費凝視，並認為凝視是觀光客消費的重點[14]（Urry, J. & Larsen, J.著／黃宛瑜譯，2016）。

　　消費的凝視與生產的凝視二者，同樣都是由一套權力機制所形成，並且當事者也擁有特定權力來影響所接觸的對象。因為無論是生產或是消費的凝視，透過特定的視角而將原本不清楚的、未分類的、早已存在但卻尚未被清楚論述的各種事物，變成清晰可見並能詳加說明，其過程本身就是知識權力的運作。當消費者的市場面重要於生產面，消費者權力將大過於生產者，生產者必然會參考消費者的消費凝視視角與所見視野，重新調整並修正自己的生產凝視與生

---

[14] 對於觀光客的凝視，Urry, J. & Larsen, J.想要探討的「觀光凝視」是「在不同社會裡，特別是不同的社會群體之間，以及諸多不同的歷史時期之內，曾經歷過哪些變遷與發展。對於觀光凝視的建構與強化之過程，…，也探討：1.究竟是什麼樣的人或物批准凝視行為？2.這類行為究竟為『觀光景點』，及凝視的對象，帶來了什麼樣的後果？3.觀光凝視如何與其他種類的社會習俗相互聯繫？」（Urry, J. & Larsen, J.著／黃宛瑜譯，2016：20）。此外，Urry, J. & Larsen, J.也同時認為「觀光凝視」並非只以一種方式存在，它會隨著社會、社群以及歷史時期的差異而有所改變，經由這些差異，建構了這類的觀光凝視，…，一個特定的凝視得以形成，仰賴的正是它的對照事物，也就是那些碰巧當作『非觀光』的經驗模式。換句話說，凝視行為預設一個由具有社會意義的活動與符號所組成的系統，而該系統在定位某個特定觀光行為時，所依據的不是其內在特質，而是系統內所隱含與之形成對比的非觀光的社會實踐，特別是家務勞動以及換取薪資的工作。」（同上）

產知識。因此，當觀光客帶著消費凝視前往旅遊當地，當地人將因為需要做生意賺取觀光客的金錢，而對於當地各種發展產生改變與移轉，產生觀光衝擊。

參、「召喚（interpellation）知識」與「知識召喚」

一、知識由社會「召喚」（interpellation）而來

　　「召喚」一詞，起源Althusser所提的觀點，認爲上層階級爲了自身利益而「召喚」出意識型態，透過各種國家機器來對於社會大衆進行有效統治（Althusser, L.著／陳越編譯，2003）。在生活中部分知識也是一種意識型態，知識做爲一種被社會或社群認爲「對」的信念，被當時社會某些特定機制給召喚出來。進一步來說，特定社會特質將會出現特定的知識內容以及在當時認爲的知識型（epistemology），隨著社會變遷，知識內容與知識型態也將跟著改變。

　　許多知識的意識型態建構了個人的思想價值、意義與信念等，透過學習一切知識，個人將全部所學的知識內化成爲自己的主體特質。知識的召喚並不是只有動作及那個知識本身，而是一整部所關聯到的知識背景，像是：你去學習法國紅酒知識的動力並不是紅酒本身，而是一連串被社會所建構、值得去追求的生活品味等相關知識，而當你學習到法國紅酒的品酒知識，所認識到不會只有紅酒本身，而是由紅酒這個符號所同時帶來隱藏於後相關的一切知識，像是：法國生活品味、巴黎時尚等等。由召喚的知識，將被同時召喚出這個人的位置、角色、應該做及不應該做的相關價值與規範等，所召喚的知識在社會形成各種力量。

　　許多知識爲什麼是被召喚而來，在本質上是因爲：知識並不代表眞相，眞相知識少之又少，而且在現階段被認爲是眞相的知識，也能在未來又被推翻，而知識是暫時性、被相信及能使用的一組信念。況且，就連眞相知識有時候都

會被推翻，更何況大部分知識都只是被當時社會認為是對的、正確的信念所影響。因此，知識是動態的、演化的，隨著社會變動，知識內容與知識型態將會隨著改變。更何況，各種知識是將個人內化成為主體，並成為當時社會的產物，知識結構了個人的主體性特質，同樣地，個人主體也實踐與建構各種知識的可能，而更重要的是知識連接了每一個人與社會的積極關係。

被召喚而來的知識，例如：性別知識，過去在現代社會的知識分類為：男性、女性等「二分法」，分類不只是分類而已，在分類同時生產出「好」性的定義，如此才能分類，像是：男性霸權陽剛以及女性溫柔婉約等特質，進一步延伸出：男主外與女主內、支配與被支配、生產與再生產等社會分工角色。因此，當某一個人生活在當時社會便會尋找自己被設定及框架出的角色與定義，且內化成為這是自己應該扮演的主體特質，並加以努力實踐，因而產生許多社會問題現象。然而，在後現代社會對於性別知識，為多元性別角色，並不像現代社會時期非黑即白、非男則女等知識界線，反而主張各種性別表徵都能成為個人性別主體特質。因此，性別知識究竟應該是兩性二分或是多元性別，在當時社會氛圍之下，在當時都是正確的知識。因此，許多知識是被社會召喚出來的。

Althusser強調了意識型態是國家機器召喚而來，主要用來批判意識型態成為上層階級對下層階級統治的工具。但是，事實上「知識的意識型態」更為複雜，並不是上層對下層階級、以及二元對立的思考，反而不分社會階級，透過各種管道與媒介進行傳播與交織影響，被當時社會各種管道給召喚出來。例如：什麼是對的或值得的、或食衣住行各方面其「好」的方式，或是社會角色及性別等知識，或是理性與感性的相關知識等，也包括在現實世界中各種自然、文化、歷史、藝術、科學等領域的林林總總領域所有一切知識。而被召喚的知識，在不同社群、時間及空間之中產生各種衝突現象。然而，其重要的社會功能與作用，是讓各種人在自己的日常生活上能有一定的依循，以及生活上

有能展開追求的對象與方向，也促使整體社會有一定穩定程度的社會秩序。[15]

二、符號學中的知識召喚

　　從符號學的理論亦能分析出許多知識是被召喚而來。在我們日常生活之中，到處充滿各種符號，包括：圖案、照片、圖騰等等，符號也包括語言與文字本身，而且不只是視覺符號，聽覺（像是：人聲或鳥類獨特叫聲、手機鈴聲等機械聲、音樂聲等）、嗅覺（像是：專屬氣味等）、觸覺（像是：大自然特殊的溫溼度、特定觸感等）、味覺（像是：代表的味道等）等五感本身也都是符號。然而，符號本身不具有意義，是社會賦予了它的意義，因此，所有的、各類型的外在符號，都承載著背後與知識相關的意義、價值、信念等等。

　　Saussure將符號（sign）分為「符徵」（能指，signifier）和「符旨」（所指，signified），符號是由兩個部分所構成。對於語言符號的分類方式與系統，以及指出哪些符號它們涉及哪些內涵等，讓我們能夠辨認整個社會，並且還能教導及傳播給其他人，包括：傳承給後代子孫等。

　　只是，在所有符號中，由符徵其所承載符旨意義，是被社會特定機制給召喚出來的，例如：有一朵「玫瑰花」（符徵）它象徵「愛情」（符旨），「玫瑰花」本身與「愛情」本身二者都是被社會的特殊機制給召喚出來的。也就是，為什麼是用「玫瑰花」而不是「菊花」等符徵，因此過去如果將它生產成為「菊花」這個符徵時，可能現今情人節大家送的禮物變成了「菊花」。或是，這個生產機制如果將「玫瑰花」這個符徵，改為象徵「分離」的符旨意涵

---

[15] 人們透過「社會召喚」並學習了特定知識，難道自己都沒有一點自覺性？我們對於知識的學習，是透過社會特定機制產生「社會正確」（knowledge correct）的價值，而學習複製知識，個人對知識的學習是框架在個人既有的社會脈絡中「思考」過的，而此「思考」是受到當時社會的「社會正確」所影響，其實也是一種經過所謂的自己「思考」的「社會召喚」而來，就連當下正在閱讀文字的意義及判斷等，都是如此，但這並非「純粹」的「自覺性」。有關「純粹」的「自覺性」在後面章節內容會討論。

並且也被社會公認時，「玫瑰花」便成爲了分手的象徵。

　　玫瑰花並不是單一個案事件，在我們日常生活中有太多知識都是如此，符號（符徵與符旨）是被當時社會給召喚出來的，當社會變遷而符徵與符旨也將跟著改變。而且，社會上會經常出現許多新的符號，不只是圖形也包括新的文字與意義等，是被某些新的社會現象所召喚而來。

三、知識文本的召喚與「神話」（myth）建構

　　另外，Barthes藉著Saussure的符號學理論，更進一步分析在我們所處的日常生活之中，到處所見到的、承載知識的各種文本，像是：各種文學寫作、文案、圖片、符號、語言、電影、電視等等，甚至於充斥在我們生活中各式各樣的廣告等，這些文本本身背後充滿了各種意識型態，這些意識型態是爲了特定目的而被召喚出來。

　　Barthes認爲「語言結構是某一個時代所有作家共同遵守的一套規定和習慣。這就是說，語言結構像是一種『自然』，它全面貫穿於作家的言語表達之中，然而並不賦予後者任何形式，甚至不包含形式。…（Barthes, R.著／李幼蒸譯，1991：20）」。他認爲在語言結構是社會性的，而且無論是各種形式的寫作風格，其背後都隱藏著一套作者的意識形態，他透過「語言」（langue）結構與「言語」（parole）等符號學工具，歸零到原點來分析各種寫作中，其各種文本隱藏著的各種意識型態（同上）。

　　也因此，各種文本成爲一種工具，各種文本充滿於我們的日常生活之中，使得許多在日常中的各種「神話」（myth）得以在沒有被社會大眾發現的情況下，而悄悄地建構出來（Barthes，1973）。Barthes認爲的「神話」並不是僅存於希臘等針對神的描述，而是在生活中到處可見且原本並非如此的事物，卻被建構成爲合情合理的各種事物，是一種神話形式。也就是，在我們日常生

活周遭之中，各種神話文本的生產及建構，以及由各式各樣神話所形成的整個社會結構，都是各種召喚之過程與結果。

四、「鏡像階段」（the mirror stage）被召喚的主體性

在Lacan的精神分析中，「鏡像階段」是指「6至18個月大的兒童，能逐漸辨認自己在鏡子中反射出來的身體樣貌，並逐漸從中獲得自己身分的基本同一性的經驗過程。這個身分的基本同一性使『我』（主體）的特徵逐步結構化，從而結束了兒童心裡的一個特殊的經驗階段：不完整身體的虛幻。因為事實上，根據行為與心理觀察，在鏡像階段之前，兒童還是無法把自己的身體看成一個統一的整體。」（杜聲鋒，1989：129）

同時，Lacan認為「鏡像階段」分成三個時期，從兒童剛開始看到鏡子中的現實事物，逐漸從認為是他人的影像到主體自己的影像，從而確認自己身體的統一性與整體性（同上：130-31）。也就是，三個鏡像階段逐步讓兒童將外在所反射的各種行為、看法、回饋等，被「召喚」認為是自己的主體性特質，並逐漸產生了主體性的結構。

Lacan認為，在鏡像階段中兒童通過自己在鏡子中的影像逐漸辨認出自己，鏡子中的鏡像是兒童透過潛在性的東西（光學影像）認識自己的同一性，而不是通過自己客觀的身體來獲得同一性，因此這個階段是兒童對於自己的辨認是一種影像的再認，由於鏡像階段是自我主體初步形成時期，它也預示了主體被異化的現象（同上：132）。

一個人做為自我的主體，卻是在兒童的鏡像時期，產生了「主體異化」現象，而且從此開始反應自我主體建構的過程之中並形成所謂的人格。「主體異化」是因為兒童以鏡子中所反射的各種影像來加以辨認自我，因此辨認自我卻是根據外在的指示所進行的，在鏡子中的動作，本來是因為兒童主體的動作，

而鏡子只是隨著動作的反射而已，但是在此卻顛倒了過來。

　　社會是「鏡像產生器」，在鏡像階段中，主體性建構便是一種異化過程與結果。主體性是一種透過鏡像的召喚而形成，而整個社會就是各種鏡像的產生器，我們由於在社會生活中接觸到各種事物的一再召喚，因而建構了自我主體，但是，相當不妙的是，所處的社會卻是無時無刻都在變動當中，因此，我們找不到自我主體，而是在日常生活之中，受到各種召喚而來的知識展開永無止盡的追求，並且跟隨社會漂流，主體性卻一直是被社會召喚而來。

五、知識與「觀看、凝視、召喚」三者關係

　　「觀看」並不是一種毫無意識與毫無目的的看，觀看本身具有特定意識所產生的認知判斷，而認知到的外在世界，進一步影響個人及社會整體的社會行動路線，因此，觀看本身就是一種被社會影響的實踐。

　　然而，影響觀看外在世界樣子的內在形塑過程是「凝視」，「凝視」在中文原本是指聚精會神專注的看，在唐朝詩人白居易的《霓裳羽衣歌》中「當時乍見驚心目，凝視諦聽殊未足」（白居易，2018），意思是凝結的眼神。但是，在此的「凝視」並不只是問為何會、或想要聚精會神的看著某些特定的事物，並且重要的是產生凝視的因素為何？以及不同的人為何會有不同的凝視重點等。

　　「凝視」是社會或個人本身已經擁有特定意識之下，在認知現實世界中所有一切，被聚焦化、重點化、重要化在某部分特定對象的現象與過程。凝視的產生，是不同人在吸收不同的特定知識之後，產生一種召喚作用之下而形成。

　　「召喚」是一種對於特定意識的呼喚，特定意識是經由特定機制呼喚而來，機制來自於不同的社會個人在每日的日常生活之中，其接觸到的某些社會結構與社會系統，像是：家庭、正式或非正式團體組織、學校、各種媒體等

等，而會讓不同的成員對於特定事物產生召喚作用的是「知識」。知識對個人與社會整體皆具有召喚效果，什麼應該做、不能做、應該追求或應該避免等個人或整體社會，都是受到特定知識的影響。

　　因此，可以說「觀看」是「凝視」作用而形成，而「凝視」是一再「召喚」的過程與結果。

六、知識由「能知」與「所知」構成

　　知識是為了了解現實世界的樣子，而將現實世界進行整理、區分化與濃縮成為各式各樣的知識信念，並藉此能系統性的整體了解世間萬物。知識一方面被當時召喚而來，一方面由於被召喚而強化、具體化、明確化成為知識對象。也因為，知識被召喚成為可被看見的對象，知識才能具體化並被擴大複製學習，以及能延續傳承下去，或是成為被改進的對象。

　　但是，知識不只是權力運作與召喚的過程，更是社會運作的結果，知識被召喚為具體化的對象時，同時卻也區隔、排除了其他可能性。知識是一種社會實踐，並且同時區分了其他知識的可能性，也因此，對於知識研究應保持各種覺察的態度。

　　「知識」等於「能知」及「所知」，由「能知」及「所知」共同召喚出當時社會所認為的「知識」。在其中，所有能被學習的對象（能表達知識內容的對象），以及所知道的一切（其承載的知識內容），二者都是被社會召喚而來。即使是科學，也是透過目前科學的「能知」及其科學標準與方法等，來探詢或發現科學「所知」。如此，也用來解釋在學習過程中，剛開始起頭比較困難，因為要透過許多「能知」與「所知」來逐漸拼湊、組合出屬於自己的「知識場景」（或可稱為知識背景）。

　　「能知」是知識行動，「所知」是被知識行動的對象，一個為行動、一個

爲被行動。在這裡與Saussure在符號學所使用的「符徵」及「符旨」其用法不盡相同，但是，如果使用Saussure符號概念，則知識行動會變成：(1)「能知」爲「knowledger」（知識表徵對象），也就是知識能表達的對象，可能包括：文字、語言、符號、圖像、影像、媒體、甚至是肢體等等各種對象。(2)「所知」爲「knowledged」（知識表徵的象徵意涵），是由過去日常生活中一連串的經驗與學習所獲得到的內容。

　　無論如何，在日常生活中各式各樣的「能知」與「所知」建構出每一個人的多層知識系統，多層知識系統來自於在不同社會中不同的民眾們，在自己的日常生活活動中對於接觸到的知識加以學習，而逐漸建構成爲一種知識結構，並且因爲社會生活之不同，因此產生因人而異的狀況。

　　知識所構成的個人自我之主體性，是由觀看、凝視及召喚而來，因此，Foucault對於知識作出一種凝視概念的思考方式，並研究知識背後是一套權力的運作方式與過程。他提出了個人主體性被知識產生異化的觀點：「人之死」（death of men）（Foucault, M. ／莫偉民譯，2016）。也就是，人是知識的產物，然而知識是變動的、社會的特質，因此，沒有完全真正不變的真實性，是故「人之死」，是因爲知識論述並形構了所謂「人」的樣子。

　　所以，知識是一種「社會型」。每個人都受到當時知識的影響，知識將隨著社會變動而改變，「人之死」是一種反思及批判知識的觀點，不過，知識卻是具有社會功能的，從知識功能論的角度來分析社會發展，知識反而是提供了社會穩定發展、變遷與社會演化。因此，知識與人類之間並非是單向的，反而是互動的、具有交互性的功能關係。

　　因此，在過去知識社會學中，我們僅看到社會如何影響知識的形成與發展，我們需要再從知識本身的角度，去重新認識知識在人類社會各階段發展的角色與功能，因爲不僅社會是一再變遷的發展進程，知識本身在各種社會中更具有演化性，人類會死亡且社會將一再變遷，但是，知識卻會在各種社會條件之中，進行各種演化，一再持續存在並且影響人類的社會發展。

第四章　再認識知識：一個「知識因」
（knowledgene）的演化論

壹、知識的「社會正確」（society correct）

一、知識是社會建構的暫時性正確

　　許多知識剛開始出現時，被當時社會大眾認為是永恆不變的；或是認為是對的、無誤的知識，但是，一些在過去看似真理或是對的知識，後來到了不同年代時卻發現有問題而被修正，甚至完全推翻。因此，永恆不變的真理知識在社會上十分稀少（甚至目前認為的真理知識，後來還是有被推翻的可能）。也就是，絕大多數的知識都僅僅適用在一定脈絡條件之下才被成立，而無法適用在任何一切、任何狀況。或是，再用一個更為極端的說法，知識來自於「相信」，「相信」產生知識的力量，不過，當不再「相信」時，知識跟著產生變化移轉。

　　知識是在當時社會中認為是正確的、對的論述對象，因此，知識是被特定社會條件所建構而來，社會並不是指單一的社會，或許整體社會將對於某些知識產生特定共識，但是各種知識反而是來自各種不同社會、社群之間民眾們的共同建構，知識並非單一而是複雜交織在各種社會之中。所以，大多數的知識是一種社會建構、且具動態演化的特質，各種知識只是在各階段社會中得到暫時性、對的結果，並非永恆不變的結果[1]。

---

[1] 「知識」這個研究議題，在西方學界研究中有著不同的典範及主義，像是：經驗主義、實證主義、實用主義等不同的知識論，或是現象學、實在論、邏輯經驗主義等，其知識論皆有其特色及不同之處（吳汝鈞，2009）。「知識」長期以來一直是一個極為重要的哲學命題，不過，本書籍不打算重複分析這些傳統哲學著作，反而從社會學角度出發，將重點放在知識與社會是共生及合作等狀態，而不僅社會是演化的，知識更是以「知識因」等進行演化，而社會成員們及各種因素共同參與知識的演化過程。

二、「知識的想像」（knowledge imagination）與「知識正確」（knowledge correct）

知識並未單獨脫離人類社會而存在，即使知識單獨存在對於人類也是毫無意義，知識反而是人類對於所在世界其看法的分析、彙整、濃縮等令人相信的一段論述。不過，知識為何會被當時社會所接受並且展開追求，這是由於知識的「社會正確」作用。也就是，「社會正確」影響知識的形成與使用，知識是一種「社會正確」產物，也因此，更進一步來說，知識是在當時於特定知識背景之下認為的「知識正確」，所以，知識是因為「正確性」而在社會中產生作用[2]。

然而，整體社會並不只有一種或是數種「知識正確」，反而是擁有各種的「知識正確」，這是因為不同的社群民眾對於「知識的想像」之下，在當時所接觸到的社會所建構出來的正確性，不同社群及社會對於什麼才是「知識」是不盡相同的，因此知識本身並不會永恆不變。知識是來自各地不同民眾對於當時「知識的想像」而來，因而使得知識本身是不穩定、動態的、演化的性質。然而，「知識的想像」是由人與社會互動所共同建構而來，就是無關知識本身是對的或是錯的真實性，而知識是不同的民眾由於不同的社會生活與經驗，在自己所處的世界之中互動而來。

由於無論是哪些社會或社群團體，對於何謂知識及其正確性之認知與學習行動等卻都是社會性的，不同的社會以及社群之間會彼此分享或擁有專屬於自

---

[2] 知識是一種「社會正確」的特質。然而，Foucault（1980）論述了知識是微權力的行使過程與結果，並且在知識權力的運作之下，不同社會發展階段具有不同的「知識型」（認識論，epistemology），在當時社會階段認識及發展知識的類型（Foucault, M. ／莫偉民譯，2016）。我們的確可以從他所提的權力之角度，去分析知識的社會現象，只是知識之所以能蔓延開來，不只是權力而已，更是因為知識本身具有社會功能性，如果知識只是透過權力運作過程中生產而成，知識本身就變得相當不堪及危險，不僅容易被別其他權力給瓦解，知識也無法被民眾複製學習及擴大開展。我們反觀大量的知識能在社會上傳播開來，是因為一般民眾們在他們自己的日常生活之中對知識有所需求，願意去學習的前提下，知識才能進而傳播。也就是，知識的學習及傳播不只是權力運作過程而已，更重要的是民眾實際在日常生活中運用，覺得有用才能信以為真。

已認爲的知識「正確性」，這個「正確性」面對其他不同的社會或社群時，將可能被學習、修正、或無法被接受。無論如何，知識的形成以及其正確性皆與社會之間關係緊密且完全無法切割。

三、知識的「社會正確」對於社會的作用

知識的「社會正確」不只是一個宏觀的整體社會現象概念而已，除了強調對於微觀個人以及日常生活活動產生的作用，更是個人在日常生活中與外在社會之間的重要聯繫橋梁，因爲社會正確的知識如同酵素，在個人、社群或整體社會的社會行動過程之中，催化某些社會現象朝向特定的、被認爲是正確的方向前進，進而影響社會成員個人的內在學習以及外在社會行動的實踐，以及影響社群與整體社會的發展特性。[3]

---

[3] 從知識的「社會正確」概念來看，圖書館便是其中一個重要的案例，因爲圖書館本身就是知識的社會正確之重要產物。在圖書館內對於各種書籍的收藏，收藏本身便是一個特定知識的社會正確內容，哪些書籍才是被收藏而哪些不是，以及知識分類方式、對於知識的介紹重點等等，都一再地顯現出當時對於知識社會正確之標準與價值等內容，而博物館、資料館等亦是如此。如圖4-1、圖4-2、圖4-3所示，是位於土耳其的Ephesus著名的世界文化遺產：Celsus Library。該圖書館相傳興建於西元135年，據說是當時世界上第三大圖書館，且在圖書館能存放12,000卷書籍文獻，由於是古羅馬時期的圖書館，因此讓出門在外的羅馬人與士兵們能前來閱讀。而更重要的是，在圖書館的外牆共有四位女神雕像，分別爲：Episteme女神（代表知識）、Ennoia女神（代表智力）、Arete女神（代表美德）、Sophia女神（代表智慧）等，也就是，此四個特質表示當時民眾透過學習要追求的知識領域，與當今現代社會並不完全相同，表徵出當時知識的「社會正確」之特質。

圖4-1　（2014）位於土耳其Ephesus的Celsus圖書館主入口

　　我們在食、衣、住、行各方面的整套社會生活之中，到處充滿各種被潛移默化且綿密的社會正確之認知與行動，而且不僅促進個人與社會之間的聯繫，各種社會正確也彼此相互交織與重疊、甚至出現矛盾之處，讓個人與周遭社會之間產生活生生的、有感覺的、實際的相互維繫。而且更重要的是，在我們的日常生活之中，各種社會正確提供日常生活的方向，讓我們知道應該做什麼、追求什麼、往那個方向前進等，儘管有太多「社會正確」的知識本身可能是錯誤的，但卻能引導出一條如何過「好」生活的方向。

　　上述是從個人微觀角度說明社會正確對於社會生活的功能性，然而，從宏觀的角度來說，各種被大眾認為是對的社會正確知識，由於社會大眾相信這是正確的，因而集體按照這些知識的內容過著生活。從整體社會及功能主義來看，社會正確的社會作用是能減少許多民眾在日常生活中的不知所措，因為某

圖4-2　（2014）Celsus圖書館牆上四　　圖4-3　（2014）Celsus圖書館牆上四
　　　位女神中的Arete女神　　　　　　　　　位女神中的Ennoia女神

些知識的共識性而維繫人與人之間的關係，進而穩定了社會秩序，不過，從衝突論角度來看，社會正確隱藏著特定階級的意識形態及工具性的目的，並產生各種社會衝突現象。

另外，對於整體社會而言，知識的社會正確其特性與現象，隱藏著當地社會在這個時期的知識型特徵。

四、知識的「社會正確」同時也生產了知識他者（the others）及其衝突

在另一個知識的社會性方面，是由於不同社會、或是在同一個社會中不同的階級或社群團體，社會正確的對象將有所不同（或是，不同的個人與社群都有自己認為的社會正確），也因此產生社會各種衝突，而這些程度不同的衝突無法也不需要避免，因為這是社會中擁有各種大量知識的多樣性表現，才會出現各種衝突的現象，包括：在各種媒介管道中不同意見的表達等。知識的社會正確之衝突也能進一步造成知識典型的移轉，或是引起更大的社會革命、社會變遷。

由於在不同社群團體裡，成員們將因為擁有共同的社會正確而產生更大的凝聚力，社會正確並引導社群內部成員追隨這些知識，來過著被這個社群認為是正確的、對的行動或生活方式，因此產生知識的實踐行動，且同時區分出「他者」（the others）。也就是，由社會正確引起的知識實踐行動具體化於自己的日常生活之中，但是，卻展現出知識差異並與其他社群有所不同，如此可能邊緣化某些未受到這些知識影響的其他社群，也可能因為權力不平等之下進一步矮化這些社群，並可能利用這些「他者」社群來烘托、陪襯於受到知識正確引導發展的社群。

例如：世界各地的原住民及其地方知識，可能因為迫於外來者某些強大的

武力，在外來社群統治之下，知識產生變異與衝突，原住民被迫（或自願的）失去自己原有的在地知識、在地智慧等，而改信外來社群所帶來的社會正確以及其特定的外來知識，使得原本珍貴的地方知識在過程中，被汙名化為落後的、野蠻的、沒有文明的而逐漸消失。並且，這些被認為是野蠻的原住民族還被用來襯托特定統治者，讓統治者顯得更加文明及高尚，更加合理化其統治與教化當地民眾的行為，並且建構許多社會正確的意識形態來讓當地民眾認為應該學習這些外來殖民的知識，進而減少衝突並穩定社會秩序及長期統治。

　　同樣地，知識的社會正確不僅用在所謂文明與野蠻族群之爭，在資本主義下，政治與資本家等上層階級，也會利用知識正確隱藏資本積累或特定統治目的，像是：虛構各種知識正確來包裝行銷一些商品，讓社會大眾對於這些商品展開熱烈追求及搶購，例如：透過各種傳播媒體打造各種流行文化，讓社會大眾展開追求各種時尚商品，然而這背後其實是由投資者、品牌商、設計師、名嘴、媒體等集合為流行知識的生產集團，透過各種媒介管道，如平面及電子之主流媒體、網路及社群媒體等等，生產了所謂「流行」的社會正確氛圍與知識，並逐年、逐季等經常更新，好讓社會大眾踴躍購買，進而達成資本積累或特定目的。像是：流行服飾、流行的飲食等。

　　或者像是在目前現代社會中，社會大眾認為應該過著所謂的「有品味」的生活才是一種「好」的生活，然而構成「有品味」生活方式，則是由各種廣告媒體及在社會中累積的各種知識氛圍所打造而成，消費者必需透過購買各種現代化商品才能達成的一種生活風格。又或者是，強調「健康」的社會正確之商品，除了各種媒體報導之外，民眾自己都可上網查到很多健康相關的知識，然後其後面是各類商品，像是：無毒、環保、抗老、健身、長壽等以健康為主題的相關周邊產品，而這些商品承載的不只是商品而已，而是知識本身。

五、知識的「社會正確」引導個人在日常生活中互動學習

社會正確的知識是透過人與人之間的傳播而逐漸形成，人與人的知識傳播可能是口語，除了日常生活中的對話，也可能來自於家庭繼承，由父母親從小對於某些特定知識內涵的傳承，例如：祖傳祕方、先人智慧、祖訓等等。除了家庭的知識傳播之外，在社會化的過程中逐漸再從團體、學校、組織到整個社會等學習到各種不同的社會正確知識，引導我們個人應該做什麼而不應該做什麼才是對的，尤其是目前充斥在日常生活中的各種媒體，更是扮演著極為重要的傳播角色。

知識的社會正確是一種氛圍，讓個人在自己的社會生活之中，將所接觸到的許多知識「信以為真」，除了引導民眾認為哪一些知識是正確的、對的之外，也因此同時形塑了它的反面，被認為是知識的「社會不正確」所指涉的對象。

然而，這些對的或是錯的對象，並不一定是真正無誤或永恆不變的知識，知識的正確性是由當時的社會狀態所建構而來。因此，社會正確是個人與社會之間透過日常生活的互動而來，在其中，「學習」是社會正確其傳播的關鍵因素。我們透過對於社會所建構的正確性氛圍，加以學習而產生個人的「知識資本」，包括：從知識中學習到如何在生活中進行生產以及其他再生產等活動，以便用來過著「更好」的社會生活。而我們的學習來自於日常中，一切透過語言、文字、圖像、數字、符號、肢體、實質物件等等知識傳播媒介，一再與知識內容產生互動過程[4]。

---

[4] 知識的「社會正確」引導個人在日常生活中互動學習，就以「神」知識為例。「神」的知識內容，是由語言、文字、圖像、符號、數字、肢體動作、實質物件等媒介來傳遞其神聖性。由於對於「神」的論述，再同時衍生其反面為對於「鬼」（或魔）的論述，而讓知識系統更加完整，且能鞏固整個信仰。不僅如此，各地有關神及鬼的知識系統，所建構的不僅是信眾們，更滲透了平常生活。「神、鬼、人」三者的社會生活知識同時相互影響，並且共同及分別建構出屬於共同及自己個別的知識內涵，而成為完整的知識系統。只是神（或鬼）這個文字、語言或符號等本身並無固定知識內涵，而是社會生產了「祂」的意義，因此，這些神（或鬼）的知識

六、知識的「社會正確」酵素促使知識演化

迄今知識的發展，在社會上各種複雜、龐大的知識已經逐漸建構出不同層次的知識系統，但從另一方面分析發展過程，各種知識之間是同時相互合作、交互影響，但也是處於競爭相當激烈的狀態。無論如何，知識在社會上發展的歷程之中，除了少數知識之外，大部分的知識都不是一直呈現於靜止穩定的狀態，反而是一再變動、一再演化。因此，一部知識史就是知識其演化過程的發展史，而地方知識史是一個地方在不同時期階段中，知識與地方生活之間在互動中演化的過程與結果。

然而，促使各種知識在社會上、地方上會產生學習、傳承、擴大、變異、

內涵，將隨著不同的時間、空間及社會之變動而產生改變，所以，神（或鬼）的文字、語言及符號等並沒有永恆的真理，反而一再出現的是各種不同時期對於知識產生的社會正確之現象。在生活中，多樣且綿密的社會正確讓個人與社會連結，例如：如圖4-4所示，為臺灣臺北著名古蹟文化遺產龍山寺，很多民眾前往用蠟燭「點燈」，「點燈」這個生活知識，代表祈求在生活中受到保佑，然而，「點燈」此知識不只出現在龍山寺或臺灣所有寺廟而已，在世界各地各種宗教中許多有「神」的寺廟、寺院等也有點燈或蠟燭等儀式，像是：如圖4-5所示，為位於以色列的加利利海西北岸的Tabgha，是在《聖經》中耶穌以「五餅二魚」餵飽5,000人故事的教堂，現場也是開放民眾點「點燈」，祈求神的保護（資料來源：2013年在以色列Tabgha現場的田野調查記錄分析。）。由於「光明」象徵「神」，同時指出「黑暗」象徵「鬼、魔」，然而，點燈的是社會成員個人，所以，三者知識系統在「點燈」的活動中，時間與空間中被縫合交疊了，並且在不同的社會正確知識之下，做出屬於自己個人認為正確的社會行動方式。

圖4-4 （2018）臺北著名古蹟龍山寺現場民眾以蠟燭點燈象徵光明並祈求神賜平安

圖4-5 （2013）以色列Tabgha「五餅二魚」教堂現場祈求保佑的光明燈

或演化的現象，在其中，社會正確扮演極爲重要角色。因爲不同的社會正確促進了知識的演化過程，在原有的知識背景環境之下，社會中各種知識的新調整、修正、發現、發明、或新知等，甚至新的論述等，都可能引發另一波規模不等、程度不一的社會正確，促使各種知識一再產生變化、更替。在歷史中，一直不斷出現不同的社會正確，像是酵素般地一再促進各種知識進行演化過程，而且，知識演化也可能會同時牽動、產生出新的社會正確，也因爲如此互動進而交互生產出知識演化史。

貳、知識演化論的「知識因」（knowledgene）

一、知識演化的「知識因」（knowledgene）

　　知識是從人類為了生存所展開的勞動活動中而來，因此，各種知識是當事者相信對於現在（或未來）有用的一段敘述，而知識所呈現的方式可能是各種資料、資訊、訊息或情報等等。另外，承載（或傳播）知識的媒介則包括：各種語言、文字、數字、圖像、符號、肢體動作等及其他物件，知識學習的管道至少包括：各種口語、媒體、書籍、自身過去經驗等等。

　　站在知識對於個人微觀的功能，所謂「有用」的場合，可能是知識學習同時應用於外在世界，但也可能暫時存在於內心之中，並影響對某些特定事物的看法，有用的時間點並不一定是目前有用，也可能未來才會使用；同樣的，可能現在覺得很有用，但是在未來卻覺得不是如此，各種知識會讓個人整合並產生判斷的行動，這就是知識在個人演化過程的重要性。

　　「知識因」（「knowledgene」）是「知識」（knowledge）與「基因」（gene）兩個字合成而來。「知識因」概念是將知識從演化論的角度切入[5]，如同生物基因，由於各種知識在社會中產生相互競爭及合作之特性，因此，知識本身在社會中具有演化的作用、過程與現象。所以，「基因」是為了存活及衍生自己而成為生物演化的基本單位，知識起源於人類為了生存的勞動活動而來，而「知識因」是站在知識本身為了存在於社會中，持續擴大、蔓延、繁殖及相互競合等的知識演化論觀點。[6]

---

[5] Popper（1972）曾經出版《客觀知識》（*Objective Knowledge*）一書，將世界分成：物理狀態、意識狀態及「第三世界」，他所謂的「第三世界」是知識狀態的世界，知識的世界是進化的、客觀存在且具自主性。

[6] 關於達爾文的演化論，生物本身不會自己主動演化，而是為了取得生存，面對物種之間的相互競爭，以及為了

二、「基因」結合「知識因」才是完整的人類演化

人類演化已經有別於其他在地球上的生物，而獨具一格擁有強大的演化優勢[7]，然而，到了現在，人類演化的優勢卻不完全是基因之故，知識因反而是人類演化的重要關鍵。簡單來說，兩個基因相近的人類雙胞胎，一個生長在原始叢林，一個生長於高度文明地方，兩位便會出現完全不同的命運，而其中，最大根本差異就是接觸到不同的「知識因」及其作用。

因此，更進一步地說，人類的基因無法單獨完成人類的演化，因為基因複製為具有生命的身體，在一再死亡與重生的過程之中，無法帶走社會當時發展的知識，換個方式說，每一個人類的新生命來到這個社會，都是需要重新學習當時社會的各種知識，個人才能在社會中得以生存。人類的演化並不是一般的生物、動物等方式而已，因為「基因為生物的演化，知識因是知識的演化」二者結合才是完成及說明人類的整體演化過程與現象。

知識源自於人類生存的勞動活動之中，但是基因本身卻無法完全記載所有一切知識，反而這些原本起源於人類勞動的各種知識，以語言、文字、圖形、符號等各項知識的媒介，自成一格存在於人類社會之中，並且產生不同知識之間的相互競爭，進而產生知識的演化作用。

而其對於人類社會的功能，是用來協助個人於社會的日常生活之中，食衣住行等各項活動，以便學習到在社會上更佳的生存優勢，以及整體人類在各個階段的演化發展等。然而，這些卻是基因自己無法完成的工作與任務，也因如此，基因需要知識因一起來完成人類的演化。因此，從宏觀角度來說，知識因構成各階段各地的人類文明社會。

適應不同自然環境條件的選擇之下，而展開演化，就如同目前許多單細胞生物還是存在，而未演化成為複雜生物，因為牠們維持數十億年前的型態便能應對各種競爭及天擇，因此並未展開演化即可生存。同樣的，「知識因」本身並不會自己主動演化，而是面對物競天擇之下產生演化現象。

[7] 人們在生活中所生產的任何「原作」，是否為「知識因」的起源？由於，知識起源於人類為了生存的勞動活動之中，因此，人類所有的「原作」皆為知識的起源。並且，「原作」並無獨立於知識因之外而自己單獨存在，但是，「原作」可能產生新的「知識因」，或者「原作」是原有「知識因」的演化型態。

三、「知識因」的大量複製：知識學習

知識因本身具有複製的特性，而「社會正確」如同酵素，促使某些具有社會正確的知識因能產生複製，而複製的過程就是對於知識學習的過程，並由於大量的複製學習，在社會上進而擴大形成「知識態」（knowledge situation），也就是，知識因經由社會成員大量複製學習，在社會上呈現的特殊狀態。在社會各地的日常生活中到處充滿各種「知識態」，其呈現各種豐富多元且交叉重疊之情形。

各地的社會成員對各種知識的複製學習分別來自於家庭、團體、學校、社會、媒體等，是透過每位不同的個人，其與社會之間在日常生活中的各種媒介。然而，這些媒介則會因為每個人位在當時社會上的位置與角色等而有所差異，並且也因此將會接觸到可能具差異性的「社會正確」，進而引導個人朝向特定知識進行複製學習，以及展開特定的社會行動。

某些知識因由於社會正確的誘因，促成向外複製、擴大、蔓延及繁衍的知識態，而不同的知識因相互競爭及合作，因此，知識態也是動態且具有生命力的變化；知識因其從人類社會個人勞動生活而來，更與人類社會長期互動，並且一再產生知識演化的型態。然而，基因只能讓人類進行生物性的演化，知識因卻才是傳遞人類文明的重要關鍵。因此，基因加上知識因，才足以說明人類完整的演化過程與現象。

甚至，在人類社會上每一個人都會因為死亡而消失，但是許多知識因卻會繼續存在、一再轉型、持續演化，並且教導下一個新出生的人類。知識因提供了當基因再度複製為人類時，再次重新學習的機會與內容。

另外，知識因存在於社會中各式各樣的傳播媒介之中，在這些媒介之中，尤其是語言與文字的傳播媒介更加十分重要，可以提供快速複製學習的成效，由此可知語言及文字等媒介的重要性。然而其重要性並不是語言或文字等本

身，語言與文字等本身並無意義，其重要性是做為一種媒介、管道，提供可被學習複製的各種知識因。另外，當語言與文字等媒介消失時，其所承載的知識因也可能因此而不見，無法再被傳遞、學習與複製，進而消失[8]。

---

[8] 文字與語言對於知識因的傳遞相當重要，其中在文字方面，像是中國過去幾次焚書坑儒、文化大革命等做法，其實銷毀的並不只是書籍、字畫、典故等而已，而是所承載的知識。或是中國過去幾次不同時期演變出自己的文字，形成所謂的甲骨文、金文、大篆、小篆、楷書、隸書、簡體字等等，其實都是要透過新的文字來重新建構出新的知識態。另外，在語言方面，只要有一個世代不會講這個語言，由語言所傳遞的知識便會消失，其速度比文字更加迅速，像是：秘魯的印加帝國距離今日不過短短數百年之久，但是由於其知識傳遞方式是「結繩記事」，因此，目前許多文化遺址成為神祕的謎，如圖4-6所示，秘魯利馬Larco Herrera Museum中所展示印加帝國時期所記事的結繩，但是由於缺乏文字說明，目前已經無法解釋清楚其所記載的內容；或是像是同樣在印加帝國當時重要的山中城鎮「馬丘比丘」遺址，如圖4-7、圖4-8、圖4-9所示，也由於消失的語言與文字的知識斷層，而無法完全解讀是一個什麼樣的城鎮，在當地令人感到好奇，但又無法清晰了解印加人的天文、曆法之知識狀態。（資料來源：2015年秘魯Larco Herrera Museum及馬丘比丘現場的田野調查記錄與分析）

圖4-7　（2015）沒有文字記錄的祕魯山城馬丘比丘更顯神祕感

圖4-6　（2015）祕魯Larco Herrera Museum內展示印加帝國時期記事的結繩文物

圖4-8　（2015）馬丘比丘中可以精準測量春秋分陽光的神廟建築

圖4-9　（2015）馬丘比丘觀測太陽天文重要的日晷遺址

四、「知識因」的公共化：「知識態」（knowledge situation）

「知識態」是知識因相互競爭的動態結果，由於某些知識因在社會正確的驅使之下，產生被人類複製學習而形成的狀態。知識態具有知識質與知識量的集結特性，所集結的知識質爲知識的價值、特質、意義、品質等特性；知識量則是複製學習的規模大小。不過，無論在社會上各種知識之間的差異爲何，特定的知識因爲被複製學習成爲知識態，因此知識擴大了其對於人類社會的影響力。而且，在整個社會之中具有無數的知識因以及由其形成的知識態，且因不同的個人及其社會生活之故，便會接觸及學習到各種不同的知識態。

站在知識本身發展及演化的角度來加以說明，「知識態」就是知識因的公共化狀態。然而，站在知識因本身的角度來看，知識因公共化爲知識態，其主要之目的除了上述的被學習複製之外，更是要塑造出一個合適這個（或這類）知識因有利的發展條件與環境，例如：某一些非常吸引人、卻又能免費使用的網路、電腦軟體等，在社會上被擴大形成背景環境時，將成爲更加有助於這些相關的知識因進一步發展的有利條件。也就是，知識因以知識態在社會中發展形成特定的知識環境，讓特定的知識因得以在此環境中，更加活化並取得發展優勢。

五、「知識因」的繁衍：調節與變異

知識因不只具有複製學習的特性，也會產生調節與變異。然而產生變異的知識因，是爲了更加適應當前的社會環境特性，但是也可能因不適用而需要再度轉型或是甚至被消滅，抑或是更有可能因此被大量複製學習，而成爲另一個新的知識態現象等。不過，無論如何，各種知識因一再出現各種茁壯、凋零等

現象與其循環過程，最終都將形成知識演化。

　　知識因最開始起源於人類求生存的勞動活動之中，協助生物基因進行演化，而人類的基因需要有知識因才能完整演化。基因存在於生物本身的物質基礎，然而知識因存在於社會；前者會因為生物體本身的死亡與下一代的繁衍持續新陳代謝進行演化，後者存在於社會中的語言、文字、圖像、符號等等媒介，讓人類基因分裂生長獲得軀體之後並再度學習，有別於其他生物能取得演化優勢。

　　在社會大眾日常生活的食、衣、住、行等活動中充滿各式各樣的知識因及其知識態，而且將因為不同時間、空間及個人的社會位置等有所差異，然而共通的是，知識因被人複製學習形成各種知識態，這是知識因的再生產過程與其動態結果，並且藉此連結了所處位置的社會體系與社會結構，進而有助於個人與整體社會之間的相互運作。

　　在社會中個人複製學習的各種知識，可能會透過自己的認知及轉化，而產生變異，這是各種知識演化的必然現象，也是知識使用者個人在知識運用時的調整過程。另外，因為變異產生知識演化的程度，如果形成規模龐大的知識態，不僅可能將影響生活型態或產業發展的變動，也可能因此造成整體社會變遷，甚至是一個新時代的來臨。

　　只不過，知識因的強弱並非來自於知識本身的真假（甚至知識本身是否為真理），知識因的強弱反而是來自於有多少人相信、使用，以及複製學習，越多眾人相信、使用及大量複製學習的知識因，便會在社會上呈現出強大的、具發展優勢的知識態現象，而弱的知識因，其現象則反之。[9]

---

[9]　有趣的是，知識因的強弱，並不是知識本身的真假與否，反而有時候是有多少人相信及使用。在某些時候由於社會上大多數人都相信時，這個知識的正確性便會成立，例如：許多網路新聞想要傳遞的科學或醫學等知識，有太多人相信時就變成真的，即使經相關單位深入查證發現是假的，但還是會有許多人信以為真。或者是，有些特定專業領域的名人，本身就擁有大量的民眾追隨，因此，這些名人具有知識的權力，比較容易說服追隨他的社會大眾，但實際上並不是每件都是正確的內容。

六、「知識因」的自我防禦與保護：「偽知識態」
（knowledge mimicry）

　　某些知識因所呈現的知識態，可能因應當時社會環境條件，以偽裝的方式重新變形後再出現，讓自己的知識得以繼續延續下去。某些知識在演化的過程中，融入某些在當時為主流或重要「知識態」的特徵，進而產生混淆，促使當時的社會大眾們加以學習複製，並因此擴大且能延續下來。而被特定機制與目的所偽裝而成的知識態，可以稱為「偽知識態」或「知識擬態」（knowledge mimicry）。

　　「知識擬態」為發展成當前社會其大眾認為十分重要而應該複製學習的各種偽知識態。例如，目前社會以科學至上，科學為知識主流，因此，出現眾多「偽科學」知識的案例。像是：在目前物理科學有一顯學為量子物理學，而許多量子物理學中的量子現象，便在各種媒體上被過度解釋及使用在對於神的信仰之上，或是有些宗教喜歡使用量子物理學來解釋自己的信仰或是自然界的神祕現象等，然而，這些都無法提出「可證偽性」（甚至由於不具有科學的「可偽證性」之條件，因此就連數學、哲學、社會學都有科學與否的爭議性，更何況是神學）。

　　但是，這些不符合科學標準條件的對象，並不代表就不是知識，這些知識只是未達目前的科學標準，而不被稱為「科學知識」。更何況在過去科學知識的發展過程之中，某些當時被認為正確的科學知識，現在則被證明是錯誤的，因此說不定現在許多被認為是對的科學知識，在未來也可能變成有問題的知識。但是，無論如何，「知識擬態」現象將一直存在於各時期的不同社會之中。

七、「知識因」的變形演化行動：註解、補述與詮釋

　　由於對於知識的吸收學習與轉用等，在過程中總是會產生「失真」，簡單來說，同樣一個知識在傳播出來的、學習到的時間，都不一定會完全一致。Derrida（1982）認爲這是「延異」（différance）所產生的現象，所以，他認爲一切事物將會一再改變，並且不可能存在一個永恆不變的結構，於是，Derrida因對抗結構主義的說法而發展出解構主義。

　　只是一切事物的結構與解構等二者現象，似乎並不是因對立而存在，而是同時並存的，然而，之所以會產生結構與解構等現象，這是由於知識因在當時社會的演化過程及其因此產生的現象。

　　在自然環境及社會變遷等因素之下，可能造成許多知識因在原先社會中形成的知識態，並不一定合適於當前的發展條件，於是產生各種轉型演變，來更加適應變化的環境。例如：在許多宗教中，對於經典原著的註腳、補述等行動，像是：在《聖經》的〈創世記〉中「神說，要有光，就有了光。」於是，在各個不同的時代及社會特徵之下，當時的教宗、神父、或牧師等神職人員，會針對這句話進行不同的註腳與說明，像是：「神」是一位？多位？沒有形象又如何數得出來？還是只是形容詞、概括詞等各種說法？而神學院更是協助在不同社會階段中其相關知識繁衍與演化的重要機構。

　　或是，在佛教經典發展上同樣也是如此，像是：《金剛經》、《心經》等經典原著，在歷代不同時期及社會發展條件背景之下，皆有各種大師、僧眾等加以詮釋、說明以符合當時社會特性及社會大眾們的需求。

　　然而，上述這兩個案例，都是因爲在各個時期其各種註解、註釋、補述等行動，讓這些經典不至於消失，反而更能讓原有的經典一再擴大蔓延及延續傳承給後代。因此，站在知識因演化的角度來說，由於各種時空環境背景一再變遷，在各個社會其不同的發展條件之下，各種註解、註釋、補述等行動，便是

在協助特定知識因適應變動中的生存環境，並且擴大與持續繁衍，更是一種知識因的演化現象。

　　不只是宗教的經典而已，其他各種原作也是會出現在不同社會中，一再地被重新加以詮釋、理解、賦予意義等。即使同樣一本原作，也會在不同時空、社會、社群之中，產生出屬於內部成員們自己詮釋出來的內容，而發展成為具有屬於社群自己特徵的知識態，並有別於其他社會或社群的特徵，因此，對於原作的詮釋工作本身也是一種知識因演化行動與現象。例如：莎士比亞（William Shakespeare）的原作，在世界各地演出時，都或多或少加入導演、演員或適合當地的詮釋方式，即使演出同一個劇本，各地也會有自己不同的表現方式，因而百家爭鳴、各具特色、匠心獨具。這些豐富且眾多不同的詮釋手法，讓全世界許多地方都知道莎士比亞是誰，以及他的一些經典名句[10]。

　　因此，對於宗教經典、其他原著的附註、註解、補述、或詮釋等工作，並不只是像Derrida所說對於原有結構的解構行動而已，在各時代及各社會狀態

---

[10] 莎士比亞（William Shakespeare）在世界各地的演出，融入許多元素來重新加以詮釋、註解等，讓全世界各地的遊客都來爭相目睹他的故居以及如何生活，如圖4-10、圖4-11、圖4-12。使得莎士比亞能夠流傳千古，不僅是各地一再演出他的戲劇，就連自己的故居本身也是一再詮釋演出，而且每一場因為演員不同，可能詮釋的方式也不盡相同，如圖4-13所示，無論如何，莎士比亞便是因為一再被重新詮釋、註解等而擴大及延續下來。此外，英國對世界各地的戰爭及殖民，也是將莎士比亞帶到全世界各地的重要因素。（資料來源：2018年William Shakespeare故居現場田野調查記錄。）

圖4-10　（2018）莎士比亞故居外觀呈現建築知識

圖4-11　（2018）故居內展示當時食衣住行各種生活知識

中對於原著的註解等工作，更是一種知識因的演化行動，能將原本不一定適宜生存在當前社會的知識，重新調節、修正、甚至產生變形，並能更適合存活於當前社會之中，不僅不致於被淘汰、滅失，甚至進而擴大繁衍及延續。因此，註解等是特定知識因在當時社會進行演化調整所展開的重要行動。

　　不僅在社會科學、人文學門及神學等領域是如此現象，「需要為發明之母」人類的知識始於為了生存需求，而展開各種勞動活動，所以，也包括自然科學等其他方面領域。而自然科學中科學家們經常使用的、著名的一句話：「站在巨人的肩膀上」前進，便是說明站在既有的科學知識狀態之上，持續向前進行知識演化，透過各種行動產生新的知識型態[11]。

圖4-12　（2018）如同戲劇內部特別請專人「演出」當時生活樣貌

圖4-13　（2018）庭院戶外也一再詮釋莎士比亞的戲劇

[11] 原文為「If I have seen further it is by standing on the shoulders of giants.」，相傳這是牛頓（Issac Newton）在書信中的諷刺性說法，但是被後代的各種註解、詮釋、補述、詮釋成為正面的說法，成為許多民眾其勵志向上的座右銘，與原意不盡相同，如此，又說明了各種註解等是知識演化的重要行動。如圖4-14所示，為劍橋大學的「牛頓橋」，是牛頓運用數學運算組合而成，更是世界各國遊客需要拍照的重要景點，似乎由於該橋而具體化牛頓的存在，並與世界各地民眾拉近的距離，而更多人一再尋找的是那一棵「蘋果樹」。（資料來源：2018年University of Cambridge, UK現場田野調查記錄。）

八、「知識因」的物競天擇現象之一：西方醫學的崛起

西方醫學（西醫）知識在近代爲何能於全世界各地逐漸興盛，並且在東方地區也成爲主流知識，進而取代原有具有數千年傳統的中華醫學（中醫）。然而，西方醫學早期發展也不是今天的面貌，而是逐漸演化而來。

從西方醫學的知識生產與傳播來看，在工業革命之後，講求科學至上、教育普及、除魅化、唯物主義等知識環境，以及社會愈來愈講求「有圖有眞相」及「用證據說話」等背景之下，西方醫學藉由各種顯微鏡、X光射線、超音波、核磁共振等設備，協助取得患病部位的實質證據，並且針對各種圖片及觀測到的數據，對病人患病的部位進行直接性、針對性之治療，讓病患立即獲得明顯改善或痊癒，然而再用同樣的器材及證據明確檢測患病部位是否已經痊癒或消失、或需要進一步進行其他治療方式。並且，這種以證據證明及直接針對性醫治的治療方式，其醫治方式的可重複性，在臨床上多次進行相同方式時，也會一再出現同等效果。

圖4-14 （2018）用數學公事計算的「牛頓橋」吸引全世界各地民眾前往拍照且具體化牛頓在此地的重要知識

　　不僅西方醫學核心技術本身講求「眼見爲憑」的證據，西方醫學知識利用科普推廣方式，在社會大眾的日常生活中，以各種媒體管道將醫學常識推廣給各個社會大眾並逐漸普及。如此，在西方醫學常識的公共化、日常生活化等條件之下，讓一般民眾在日常生活之中，便能經常接觸到一些簡單的西方醫學知識，並習以爲常。由於西方醫學知識的公共化，因此，逐漸塑造出一個有利發展的知識環境，使得其醫學專業更容易被社會大眾接受。

　　不僅西方醫學知識在社會生活的公共普及化，在專業深化方面，西方醫學對於專業醫生人員採取嚴格的專業化、分工化、系統化、臨床化的方式進行訓練，這就如同從工業革命以來，整體社會是採取專業部門、專業分工等方式進行運作，西方醫學也是將一個身體區分成各種專業的科別，將專業訓練進一步聚焦於身體上某一個專門的特定部位，並需要取得醫師合格執照才能正式對外醫療病患，其醫療專業訓練以及專門分工方式，容易獲得社會大眾的信任。

　　中華醫學其實照道理在原有華人社會的生活中，民眾們早已十分熟悉自己的傳統文化及中華醫療知識，在此背景環境之下其地位應該不容易動搖才對，但是，實際上中醫知識在現代社會中卻呈現相對劣勢的局面。

　　其中，由於在現代社會普遍講求「有圖有眞相」、「用證據說話」等環境背景中，尤其是攸關一個人的生命安全，更是需要直接提出證據，然而，在中醫理論中被廣爲運用的、十分基礎的「氣」，迄今利用各種顯微鏡、X光、超音波等設備，卻都還無法找到實質證據，因此，容易被西方醫學質疑與攻擊，且被冠上玄學、神祕學的形象。

　　此外，在中醫理論中也是相當基礎、重要且遍布全身的經絡、穴道等（這些概念，在華人社會生活中也同時出現龍脈及穴位等風水概念），早已運用數千年之久，並不一定完全沒有或只是虛構出來的對象而已，但是同樣的至今全身經絡的位置、路線等尙無法被各種現有的儀器測量出來，因而無法直接提出具體可見的證據，相較於此，在「有圖有眞相」的環境背景中，西方醫學比中華醫學更有明確證據進而逐漸發展開來。

　　另外，在醫生與病人接觸的診斷方面，中醫師的「望（眼看）、聞（耳聽與鼻嗅）、問（詢問）、切（把脈）」的診斷，同樣的對於現在講求物質、證據的背景下，就被認為比較神祕，且因醫師而異。在這些診斷方法中，尤其是「把脈」相當重要，但是由於連「氣」、「脈」的位置存在與否，都沒有清晰可見的照片或具體證據，就容易被攻擊於如何對症下藥。

　　在治病工作方面，中醫在「氣」的運行、「道」的陰陽調和、及「五行」（金、木、水、火、土）相生與相剋的理論之下，對於病患的醫治方式有時候會出現「頭痛醫腳」的方式，並不是像西醫以針對性的直接醫治方式，而是進行其他部位的醫治或調理。而且，更不是利用照片等可看見的具體證據，來做為基礎、輔助可被看見患病位置加以準確的治療，如此對於強調臨床科學及實質證據的西方醫學來說，有著極大不同的差異。

　　另外，在中華醫療知識的普及化、公共化方面，中醫的知識在過去有許多是「祖傳秘方」，只能傳給自己家人，更不能公開給社會大眾，因而產生神祕化，並與現代社會講求教育普及、除魅化、科學至上等知識背景不同。同樣地，在中醫藥材的用藥方面也一樣，可能因為配方不同就會產生不同的療效，加上各個中醫師對於相同病症的診斷、處理方式等都不盡相同，再加上每位病人的體質又各有不同等等，進而許多變數都一再影響中醫治療的精準度及穩定性。

　　更何況，中醫是將身體視為一個整體，而「道」在其中運行，需整體思考判斷所有五臟六腑等器官，因此，一位合格的中醫師，要學會治百病、各種疑難雜症才會稱為是一位醫生。然而，這與西醫僅針對某一個身體部位進行專業分工治療的方式，像是：牙齒、耳鼻喉、胃腸、神經等器官，極為不同[12]。而

---

[12] 另外，甚至在早期中華傳統文化中，具有類似醫治功能的「專業者」師傅，要學習的不只有醫療知識，其專業還包括其他四種合為「五術」，包括：「山」煉丹及符咒等仙術、「醫」灸藥及靈治、「命」八字及命理、「卜」占卜及測局、「相」面相及風水等。而「五術」源自於宇宙大自然「道」的運行以及「氣」的變動，相生相剋、萬物產生各種生滅的現象。

在專業知識的訓練方面，西方醫學嚴謹的知識系統、分門別類、臨床實證、專科分工等訓練方式，也影響中醫師的訓練方式。目前中醫學校的教育方式，便複製學習這些做法稱爲「科學中醫」。

由於西方醫療知識一方面在社會大眾中擴大普及推廣，其知識的公共化，產生更容易被民眾們接受的知識背景環境；又一方面將醫師有系統地專業深化，進而使其知識逐漸傳播、擴散、繁衍而成爲主流，並擴大到東方及世界各地，成爲現代醫學的知識態現象，並讓華人地區原有的中醫知識變成傳統醫學，而過去當時社會一些重要的處方知識、地方智慧等，一部分都矮化變成「非科學」的「偏方」，進而產生西方醫學知識演化的競爭優勢。

目前中華醫學知識爲了要再度繁衍傳承下去，便吸收、融合許多來自於西方醫學的知識與做法，也在變異、轉型及演化之中，將中華古老的傳統醫學結合現有科學知識，發展出各種具前瞻性的生物化學、生物科學等重要的高科技知識與技術。

九、「知識因」與基因、瀰因（meme）之關係與比較

在知識因與基因之關係中，知識因是以基因的概念去思考知識在不同時期演化的過程、現象與因素等，是站在知識進化論的觀點。並且，認爲人類僅僅依靠自己的基因，只能演化各種生物中的其中一種物種，但是無法理解、說明或分析，人類如何在各種生物的物競天擇中取得獨特的發展優勢，人類的演化過程以及在各地不同社群間的競爭優劣等現象。因此，知識因在人類社會之中扮演極爲重要的功能與角色。

然而，知識因並不只是運用知識演化的角度，來分析或批判部分存在社會之中的知識「陰謀論」，而是以一個中性的詞彙及概念，去正視各種知識在現實世界的演化狀態及其現象特徵。由於知識因需要設法生存延續下來，因此會

在各時期社會中產生演化且變型為各種知識態，並在過程中產生擴大、繁衍、交織、變異、競合、消失等。對於社會發展而言，是以知識功能主義的角度，來思考過去、現在及未來等不同時期，存在於人類社會的各種知識現象。

知識因的認識論基礎，認為知識具演化性，是人類對知識的複製學習之基本單位。並且，運用此概念來進一步說明，由知識因與基因的共同搭配，才能完整說明人類及文明社會的演化，人類需要透過學習才能在世界上獲得物種的優勢。然而，在基因之中並無儲存大量知識因，因此才需要知識因的協助。更何況，知識因會隨著時空不同，在與社會互動之中，產生調節或變異出符合當時需要的知識態，提供人類在物競天擇上的優勢與機會，且不只是依賴生物遺傳基因而已，這些知識因也會因此而延續下來。

換句話說，基因以細胞複製形成人類的軀體，人類還是需要透過在社會生活上的各種學習，而學習本身就是知識因的複製行為，知識因藉由人們大量複製學習進而擴大蔓延。而且，再進一步地說，基因僅能繁衍出下一代生物，但是如果在沒有知識因的環境中，人類還是無法取得演化優勢，因此需要知識因的協助，知識因提供人們所需知識的承襲及學習，可見得知識因與基因對於人類社會同等重要[13]。

另外，知識因與瀰因之間的異同處。「瀰因」（meme）其概念是由Dawkins（1976）在《自私的基因》（Dawkins著／趙淑妙譯，2009）一書中所提出[14]，「瀰因」是以生物學的演化論角度，去思考「文化」在人與人之間

---

[13] 生物基因中隱藏著許多生物行為，不需後天的學習，舉例像是：小羊一出生落地便會找到母親的乳頭及吸奶進食，或是小袋鼠一出生會自己爬到母親的袋子，或是小海龜從沙灘上的蛋殼破殼而出之後會自己爬向海洋等等。因此，生物的DNA中也隱藏著生物行為，並不需要後天的學習。不過，由於每一個物種以及個體的基因不同，也就是，在各個DNA中其數目及排序等編碼方式不同，因此，生物基因宛如是一個被編寫的生物程式，生物基因在此概念上，其某種程度也成為了知識因。也有可能，我們早在生物基因階段時，便已經展開一場知識因的競賽。

[14] Dawkins（2009）認為在生物基因之外，提出「瀰因」（meme）的概念，包括：宗教、謠言、新聞、知識、觀念、癖好、風俗、口號、諺語、文詞、字彙、笑話等，他以此概念解釋在各地文化延續傳承的過程與現象，就如同生物般進行文化繁衍，而且認為文化的發展也是受到「物競天擇」影響（趙淑妙譯）。

傳播的過程。以此概念認為文化具有演化性，並去解釋各種文化的流行與消長等現象，也可以看到一些文化的特徵及傳播的優勢等。

「知識因」與「瀰因」都是以演化論觀點為基礎，然而二者根本的差別在於討論的對象，其中，「知識因」則是知識複製學習單元，而「瀰因」主要是文化傳播單元。另外，其二者所討論的對象及領域有所不同，像是：瀰因針對文化傳播的現象，而知識因包括一切知識現象，像是：自然科學、物理、化學、醫學、工程技術及社會科學等知識演化現象，而且切入及分析的重點為知識而有所差別。

由於文化傳播也是知識領域，所以，有時候二者有重疊之處，像是：歷史、地理等知識本身也是一種文化（例如：從新舊石器時期到現代社會其不同時期的食衣住行之生活方式及風格等），或流行文化本身也是一種知識（因為它告訴你如何邁向時尚潮流的生活方式），或宗教是各種應該相信並在生活中產生功用的特定信仰與神的相關知識所構成等。而且，其共同之處都是受到當時社會發展的各種影響，脫離不開社會且和當時的社會特質有密切關聯性。

在此，「知識因」的概念，也同時提出「社會正確」與「知識態」（及知識擬態）等相關概念，用以說明「知識因」在社會上的運作形態、方式及過程。其中，「知識正確」是知識因被大量複製學習的誘因，「知識態」則是知識因公共化（被大量複製學習）之後在社會上所呈現的狀態。

「知識正確」是用以說明知識因為何會被大眾學習的誘因，因為各種社會的日常生活之中，充滿著各種被社會公認為好的、對的、或應該學習的知識對象，這些知識才是正確的知識。然而，這並無關乎知識本身真正的真實性及虛假性，這些所謂的「對」的、「正確性」的性質卻是跟隨著社會特性而來，當社會變遷之際，這些所謂具「正確性」的知識可能便會跟著改變或轉型，或者是某些「社會正確」的知識也可能促使整體社會變遷等現象。另外，在個人方面，個人所接觸到的「社會正確」會引導個人去學習這些知識，讓個人取得社會競爭優勢，更因此讓「知識因」擴大被更多人複製學習。

　　「知識態」是由於某些知識被許多民眾的大量學習及傳播，而在社會上出現的狀態，且爲特定知識在演化時在當時社會所呈現的公共化型態、特性與現象等，而「知識態」的規模大小爲該知識在社會中公共化的程度及現象樣貌，也就是，在當時的社會大眾其接受及傳播的規模與特徵等。此外，在我們的社會生活中有無數的「知識態」彼此相互重疊（甚至之間有許多矛盾），促使我們在社會上辨認好壞以及追求一個「所謂的」（被各種知識正確所建構而來）「好」的生活（生存）方式。

十、「知識因」的自行演化：人類基因的終結？或基因其實也是知識因？

　　在演化過程中，不僅基因與基因、知識因與知識因等二者出現物競天擇的狀況，知識因與基因之間也是相互競爭與合作。

　　知識因對於人類基因的作用，包括：合作、輔助、改變、取代等。在人類演化過程中，目前由於知識因的演化作用，知識因扮演的角色可能已遠遠高於人類基因本身的自行演化作用。這是因爲一方面，在根本的基礎上，由於先天基因需要後天知識的學習才能應付具有生物身體時的各項生存技能，如果沒有知識學習將無法合適地存活及具有競爭優勢等。而且人類的世代交替，死亡無法帶走知識，出生又需要重新學習，單單只是基因並無法完整地完成（及說明）人類的演化過程，而知識因會一再存活並在人類產生生命身體時重新教導人類。

　　在另外一方面，造成知識因在人類社會上的重要性，將逐漸超越過人類基因的因素，是因爲基因進化、變異來適應世界變動的速度過於較緩，可是知識因卻因應社會需求而迅速地一再產生調整、變形與進化。甚至於知識因還能改變基因，像是：基因改造、生物基因複製等技術。因此，知識因不僅提供人類

基因的社會學習，也協助或改善基因的生物遺傳特質或疾病，甚至改變或複製人類基因。也由於知識因能因應當時需求便可即時產生調節、突變、演化等，使得各種人們的不同基因能更加容易存活下來，像是：對於許多身體疾病的醫治、對環境更有利的競爭優勢及生存等，而不需要人類基因的自行演化與世代交替才能做到。因此，在某種程度上，知識因減緩了人類基因的自行演化，例如：許多遺傳疾病等，因為各種醫療知識而被克服與解決。甚至於，知識因更是一部分替代了生物基因的自然演化，像是：人工的基因改造、基因複製等等，導致生物基因演化是來自知識因的作用。

　　在未來，知識因也可能有朝一日取代人類基因而自行演化，並且可能造成人類基因演化的危機，例如：人工智慧等發展。人工智慧結合各種電腦、科技的知識與技術，我們的生活愈來愈離不開並需要依賴這些對象，這些知識將會持續擴大下去，未來當人工智慧找到可以像細胞一般自行複製的材料時，可能開始產生自行演化，也可能進一步取代了人類基因的演化[15]。

　　然而，在地球上，包括人類及其他所有生物，在各個DNA中出現的數目及編碼序列，也宛如是一種知識因，由於找到能自行複製的材料，而展開了一場生物演化。[16]

---

[15] 我們真的會被人工智慧取代嗎？難道人類自己都不會警覺到嗎？人工智慧的未來發展景象，並不是本著作主要關心及研究的重點，人工智慧未來也並不一定會取代人類生物基因演化，也可能科學家找到新的材料產生另一種新的生命體。人類會警覺人工智慧的問題，但是有可能為時已晚，因為社會變遷中總是會有特定機制讓各種威脅隱藏於世人之後，就如同我們現在生活中，原本發明各種機器是用來輔助人類生活得更好，但是目前已經可以看到人類逐漸被機器給「異化」（也就是顛倒了世界）的各種社會現象，像是：工作要使用電腦、雲端等等，過去農業社會時期切斷水源才無法耕作，現在網路只要任何其中一條連線或電線等斷線，重要的工作就無法進行，我們一方面進入更複雜的高科技社會，一方面卻生活在更加脆弱的高風險城市之中。

[16] 「生物基因本身是一種以蛋白質編碼的知識因」。由於知識因不僅在未來可能取代人類基因，而且並不一定只能變成會自己思考的「金屬」機械裝置（人工智慧）而已，如果未來找到一種能自我複製、分裂、成長的其他「材料」時，也可能形成新的生命體。甚至，我們這個世界的DNA（deoxyribonucleic acid，脫氧核醣核酸）序列中，早已儲存著演化的資訊，在基因中的「RNA」（ribonucleic acid，核糖核酸）其編碼直接影響生物發育，並且調控生物的遺傳訊息。因此，DNA本身是一種以蛋白質及RNA編碼的知識因。由於基因本身早已經儲存著知識因，所以不僅是人類本身，而是包括整個世界各種生物的基因，其所進行的演化競賽，其實更像是一場知識因的演化與競賽之過程。至於，究竟是「誰」將知識因進行編碼，並以蛋白質為材料？便是眾說紛紜，科學及宗教等不同領域其各有各的說法，但是，唯一不變的是，在我們目前現有的科學知識、技術、設備及工具等之下，已經可以看到基因的成分以及已經早被編碼，並且成為一切生命體的起源。

第五章 「知識鏡像」
（knowledge mirror）理論

壹、因果法則

一、學術型知識（科學或專業知識）來自研究各種因果關係

　　即使知識是一種不同時期的、在當時社會所召喚的過程與結果。因而許多知識被社會淘汰，但許多知識因應各階段社會的需求進行調整並延續下來。而就連什麼是知識、以及知識的方法論（也就是，運用什麼方法來生產知識）等，都是一場永無止盡一再產生動態的現象。不過，既使如此，看似與社會產生互動並且變動的知識及其方法，卻一再出現一個重複的法則，就是「因果關係」。

　　在學術研究方面，從目前社會認為最嚴謹具科學條件及方法的知識研究，在各種不同的科學哲學之典範（果），像是：實證、否證、批判、詮釋等類型及其理路中，無論其中哪一個典範（果）及其特徵為何，以及其產生的因素（因）為何，或是造成上一個典範形成（果）及其典範移轉的因素（因）為何等，都是在各種知識領域中討論彼此之間的「因果關係」。

　　並且，無論是各種自然科學、人文科學、醫學等學術研究領域幾乎皆是研究該專業領域的「因果關係」。例如：在科學知識的自然科學領域之中，我們是透過目前被社會公認的科學條件及方法，來探索有關生物學、動植物學、自然環境及氣候學、物理學或量子物理學、力學、天文學、地球科學、地質學、化學、資訊學、科技技術等科學領域，許多的知識研究重點，都在原有的知識基礎上，進一步探索在上述各種領域中的現象（果）以及造成的原因（因）為何。或是，探索哪些因素（因）會產生哪些現象（果）特徵，舉例來說，像是：在動植物學中，人類今日的樣子（果）是因為演化（因）所產生。或是，

自然氣候中有關地球暖化（果）是二氧化碳等因素（因）造成，或是在化學中「水」（化學式：H_2O）（果）是由兩個氫（H）及一個氧（O）兩種元素（因）所組成的無機物。或是，傳統物理學發現物體掉落（果）是因為地心引力（因）的關係。或是，在天文學中，最普遍的、眾人所知的宇宙誕生，認為目前所見的宇宙（果）是來自於大霹靂（因）所造成等等不勝枚舉，而在實驗室內的科學實驗，也是在控制及調配這些因果變項，所產生出來的實驗結果。

　　不僅被科學知識所分類的各項專門領域如此，在所有未明的混沌世界中，所有一切都具有各種因果關係，整個世界是由各種因果相連、交互影響及循環，而形成多層複雜的各種關聯系統。像是：「蝴蝶效應」（butterfly effect）[1]概念，便也是同樣用來說明，在世界中各種看似微細且無相關的事物（或事件）（因）也會造成不可抹滅、無法回頭的現象（果），並且因果相連到整個世界。

　　另外，在人文科學或社會科學領域中，不僅在最早期的古典社會學家Durkheim其社會科學的研究法中，一再強調社會學做為一種科學研究，是分析常態現象（果）以及造成現象的量化數據之起因（因），Durkheim就是在強調社會現象的因果關係研究。不僅如此，就更早期的哲學研究，也有事物特徵（果）及其起因（因）二者之相互關係，像是：Descartes著名的哲學命題「我想，故我是」（cogito, ergo sum），其中，「我想」為「因」，「故我是」為「果」，也就是，「由於我正在思考（因）所以證明我是如此的存在（果）」。

　　另外，在其他不同研究理路的社會學研究中，無論運用量化或質化等研究法，或是宏觀、微觀等不同大小規模的研究視野，都是要研究出隱藏在這些社

---

[1]　Lorenz在1963年曾經提出「一隻海鷗扇動著翅膀，將能永遠改變天氣變化」，「蝴蝶效應」（butterfly effect）是一種渾沌理論，認為即使是一件小事，由於其帶來各種連鎖效應，表面上看來非常微小且彼此之間並無關係，但可能帶來巨大的改變（Lorenz，1963：409–432）。「蝴蝶效應」用來說明一些事物發展的結果（果），與剛開始的因素（因）有極微細的依賴性，雖然表面上看起來彼此之間毫無關係，但是進一步研究便會發現之間複雜的因果關係。

會現象（果）背後並造成這些現象的各種原因（因），並且進一步以嚴謹的演繹法、歸納法來說明其因果關係。

即使面對同樣一個社會現象，不同學者採取其不同的切入觀點，都是研究社會現象的因果關係，像是：1.「功能論」為分析哪些因素（因）和產生哪些功能現象（果）之間的互為因果關係。2.「衝突論」為分析哪些因素（因）和造成哪些衝突現象（果）之間的互為因果關係。3.「象徵互動論」為分析哪些符號或象徵物（果）的價值或意義等，如何被社會哪些因素（因）給生產出來，或是特定社群成員之間如何互動等因果關係。

另外，即使在歷史知識的學術研究之中，無論是以「時間」區分的各種斷代史，像是：古代史、近代史、現代史、石油時代、電腦時代等；或是以「空間」區分的世界史：歐洲、亞洲、美洲、非洲、大洋洲等，或洲際歷史、國家史、縣市區域史、村落及社區等地方史；或是以「主題事件」區分的宗教史、美術史、設計史、音樂史、海事史、移民史、科技史（科學史）、戰爭史等；或是以「人物」區分的傳記、人物、作品等。許多都是研究此歷史特徵（果）與其造成歷史的原因（因），被研究的對象其現象（果）與當時周遭社會等因素（因）其彼此的相互關係等。

而在其他方面的人文研究像是：哲學、語言學、地理學、心理學、人類學、政治學、法學、傳播及新聞學、考古學、經濟學、人口學、管理學等領域，許多學術的知識研究，也是找出各種事物現象的因果項目及其關係為何，並加以解釋說明分析，或是從研究案例的因果關係之中，淬煉出特定的理論、模式、模型等知識。

在醫學研究方面，無論是以醫學源流區分為：傳統醫學或現代醫學、西方醫學或中華醫學等等，或是以各個醫學專科（像是：外科、內科、皮膚科、耳鼻喉科、婦產科、骨科等）等分類，醫生的診斷工作，也都是在臨床上由病狀（果）來尋找病因（因），並因此對症下藥，或是對於目前病人的病狀（因），推測在未來會產生哪些疾病（果）等。而醫生的醫學專業知識培養，

也就是去學習過去許多臨床案例中，各種病人的病狀（果）與病因（因）所留下來並彙整而成的因果知識。然而，不僅是上述的臨床醫學領域，像是屬於跨專科領域的預防醫學，其許多知識領域也是在分析出現的疾病（果）及其在社會上如何傳播開來的原因（因），以及如何防治與公共衛生對策等。

因此，在嚴謹的科學知識或學術知識等研究方面，我們綜觀上述各種不同的專門領域，無論是自然科學、社會人文科學、工程與應用科學、醫學等專業知識；在某些特定案例的因果關係發展成為該領域重要的「經驗」知識；或是某些基於因果關係被分析、推導或淬煉成為「理論」知識；或是某些重要案例的因果經驗，被研究發展成為指導如何實際操作的「技術」知識等，科學知識及其他專業知識等都脫離不了尋找並解釋其「因果關係」。

二、「生活型知識」來自個人日常經驗的各種因果關係

我們對於事物的因果關係之好奇與想要了解的現象（果），來自於人類為了自我生存而展開勞動活動（因），所產生的進化現象。由於，外在世界具有極高的風險性及不確定性，因此將過去的勞動生活經驗，做為日後在面對類似處境時，其理解處境狀況以及處理方式之重要參考知識。然而過去的經驗知識，不僅用來面對當下現狀，並用來預估推測未來，進而降低風險讓自己（及其後代等）能存活得更好。

因此，不僅是上述嚴謹的科學或是專門領域的各種專業知識研究，大多都是在研究分析現實世界的因果關係，就連我們自己的日常中的生活知識本身有許多也是具有因果關係，像是：我們經常會透過將自己過去的經驗知識（果）做為現在處理事物的參考（因），但卻不一定適用於當下環境條件。

甚至，在社會生活的日常活動之中，我們從事的各項社會行動，經由吸收、學習、實踐、傳播以及被當時「社會正確」氛圍等因素所影響之下，一

些被認為是「好」的因果關係之知識，包括：各種在當時被社會特定因素（因）塑造成為應該的、或對的、或好的、或值得追求等，各項生活知識對象（果），而這些都促成我們於日常生活活動之中，逐漸潛移默化成為被社會化的社會成員。

我們不僅從為了生存的勞動活動其實際經驗中產生因果知識，在日常生活中，另一個最根本的因果關係知識，就是：「我」是誰？「我」（果）從哪裡來（因）。由於，我們對於自己的起源充滿好奇，於是在世界各地紛紛出現許多自己的起源傳說，像是：盤古開天、亞當及夏娃、其他神話或傳奇。**2**

甚至在日後發展成為各種宗教，像是：道教、基督教、印度教等等對於人類的起源說法不一。但是，不變的卻是我們對於「我」的起源充滿好奇且需要對子孫有所交代，並因此由這些起源為基礎而發展更多且豐富的知識，進而開拓出人類社會的文明與特色，像是：人（果）是由神所造（因），甚至神（果）又是從哪裡來（因）等，進而產生因果相連及互為影響，編織成為屬於自己的文明特色。

或是，當我們一出生時，在社會化的第一個單元「家庭」中，我們對於外在有所察覺時，也會逐漸思考及詢問父母親自己從何處來，並由父母親、兄弟

---

2 「我（果）是從哪裡來（因）？」必須要被特定機制來詮釋出專屬於此族群的特定意義，如此，才能由歸屬感的力量來形成一個共同體。就像是在臺灣的原住民，僅就「排灣族」而言，其起源的傳說就很複雜，「可能是因為每個貴族家庭都有自己的創造故事、每個聚落都有神話傳說。另外，排灣族人口多又分布廣，也是使起源故事繁複的原因。起源的故事分成始祖創生傳說和貴族來源兩部分，始祖創生傳說又可分為太陽卵生說、蛇生說、石生說和壺生說。排灣族是封建的貴族社會，卻沒有所謂的總頭目，每個舊聚落都像獨立的王國，貴族就是權力的核心，因此貴族對於自己的來源傳說都很重視，而每個社也都有自己不同的來源傳說。」（臺灣原住民族資訊資源網，2018a）。然而，再舉例另外一族「卑南族」的起源，除了由石頭所生之外，也包括竹子所生，其傳說及族群在臺灣的分布狀況為「1.石生（知本社群）：咸信祖先是由巨石裂開所生，發源於今台東太麻里鄉美和海岸附近的山坡地上，此系統包括知本村、建和村、泰安村、初鹿村、利嘉村等，知本村、建和村的卑南人還在此地立了一塊發祥地的紀念碑，並有石棚祭祀著渡海來台約三位先祖的名字，在每年的清明節，知本、建和的村民會到此祭拜。2.竹生（卑南社群）：以南王里（於台東市）、賓朗村、寶桑（由南王分支出去）為主，根據南王長老口述，祖先是由竹子所生，起源傳說的不同與地理位置的差異有關。」（臺灣原住民族資訊資源網，2018b）。在臺灣各個原住民族皆有屬於自己並有別於其他族群的祖先起源傳說，起源故事對於族群具有社會功能性，由於有各自專屬於自己且有別於他族的起源傳說，更能生產出有別於其他族群且專屬於我族自己的身分認同，以及專屬於我族的根源依附，而促成族群成員們凝聚為一個生命共同體的功能。

姊妹等建立的家庭，確立了我們第一層社會化的關係。同樣地，在我們年紀更大而進入學校或其他團體時，也會習慣性對於自己所相處的這些朋友、同學等等周遭成員（果），好奇並想了解他們從哪裡來及來此的原因（因）。

由於我們潛移默化受到因果法則的思考模式之影響，因此我們經常在生活遇到各種事情時，便會思考：「事出必有因」。只是在解釋現象時，所切入的觀點與獲得的內容「因知識而異」，也就是，個人在不同社會的位置與角色，且在不同的社會生活中，所接觸到的不同知識而有所差異，也造成競爭優劣現象。

我們對於生活周遭各種事物其因果的觀察，是從孩童階段並會對於自己周遭一切現象感到十分好奇，因而有「十萬個為什麼？」等相關知識書籍提供給該階段的孩童學習，因為我們總是好奇各種為什麼（因）會產生這些現象（果）。我們從孩童時期開始，對於因果關係的特定理解，並逐漸辨認現實世界的一切，這些接觸到的因果關係內容，逐漸累積並造成日後個人在社會上發展的差異性。

而我們在進入社會工作與生活時，社會上也會出現各種因果知識，像是：在生產勞動方面，特定社會因素（因）促使這種類型的工作（果）是「好」的、有前瞻性的，或是在休閒活動中，社會特定因素（因）促成要去這些地方（果）度假是值得的、值得推薦的，所有一切例如要過著什麼樣的生活方式、如何消費及購物等等皆是如此。再者，在生活中接觸到的一切資訊，像是：許多媒體就是虛構各種廣告文本用來陳述及散播，消費者要追求購買這個商品（果）及其為什麼（因），甚至某些特定社會機制刻意不斷地打造出一波又一波的流行文化風潮（因），藉此來帶動流行文化所指涉的特定商品（果）等。

所以，從小到大，我們已經習慣性能轉用過去的生活經驗結果（果），用來做為判斷或處理現在生活中各種類似狀況的重要參考因素（因），或是現在正在處理時也能事先預想或猜測到可能的結果（果），而選擇一個合適的方式（因）來反身性實踐等。我們在日常活動中各種工作、生活等等會想到未來狀

況，並由此擬定各種目標及做法，而未來想要做到的「目標」是一種「果」，而在當下如何「做到」則是一種「因」，透過計畫目標想要達成的結果，在過程中將各種因素逐項一一完成。

因此，我們將發生在自己日常活動中所經驗的生活知識，包括：自己發生的、吸收他人的、學習其他資訊與書籍等，以因果關係重新整理，可以分成以下三大類型：1.過去（因）影響現在（果）：對現況當下的各種現象（果），好奇並了解是哪些因素（因）造成的各種生活知識，像是：我們目前的樣子（果）是因為過去各種生活經驗（因）所產生；2.現在（因）造成未來（果）：參考過去的生活經驗（果），加上現在周遭的狀態（果），轉化運用為現在展開行動（因）的各種生活知識，並且透過現在這些行動（因），創造未來的結果（果），也就是將過去的生活知識「轉果為因」，現在的行動（因）正在產生未來的結果（果），或進一步地說，知道現在的做法（因）將產生某種特定的結果（果）；3.未來（果）實踐現在（因）：訂定未來各種目標（果），並在過程中利用各種方式（因）加以設法達成。

然而，在上述三種不同的因果關係中，由於每一個人所接觸到的知識內容不盡相同（因），也因此產生了不同的結果（果），並且建構出屬於自己特有的主體性。也就是，個人主體與社會客體脈絡之間的結構關係，是透過個人每日的日常生活知識連結，並且由各種生活的知識經驗及個人主體的自主能動性等，逐漸生產出自己特有的主體性特質。而其中，知識的連接便是扮演著極為重要的角色。

換句話說，因果關係的模式可能在生活中一再出現，但是由於個人受到家庭、文化、階級、性別、種族、教育方式等差異之下，所接觸到的各種知識內容不盡相同，因而每一個個人其主體性產生了各自的差異特質，也形成各種不同的個人個體，整體形成為一個多元的社會。也因為每個人在社會上即使面對相同一件事情，但是由於不同知識背景，因而認知與行動方式等，皆將不盡相同，因此產生競爭優劣態勢。

此外，我們也可以說，各種「生活型知識」是一種在社會生活中被特定機制與方式（因）所產生的知識對象（果）。而且，我們在生活中有時候也會好奇，許多知識內容對象（果），是由什麼樣特定的人、部門或社會結構等生產因素（因）生產而來，也就是「知識（果）的十萬個為什麼」（因）。

三、知識資本（knowledge capital）

我們不僅可以體認得到在食衣住行各方面的生活知識，就連我們較為微細的、相當習以為常的許多生活習慣，其實也都是由過去已經驗與現在正經驗中的各種因果關係所交織而成。

而各項生活知識並且累積成為「知識資本」，「知識資本」並不只是強調個人擁有多少知識的數量，也十分重視知識的品質。另外，「知識資本」是概念化個人擁有知識的狀況，但是，在社會上所遭遇到的問題與情境，如果能被有效地解決，知識資本的效果才能被彰顯出來，也就是，問題被解決而知識才能被看到，因此「知識資本」需要放在特定社會脈絡情境之下，才能被發揮出來。另外，從「知識資本」概念也可再進一步深入看出，在當時社會其知識環境背景的特徵、現象與問題。

以下，我們再進一步分析構成個人其「知識資本」的三個層次，分別為：

1. 知識的內化資本

為過去透過各種管道對於知識學習的累積狀況。

2. 知識的外化資本

能將知識運用在日常生活的程度，某些內化知識無法轉用到外在表現時，過去擁有的內化知識資本便失去價值與優勢。

3. 知識的制度化資本（或客觀化資本）

區分兩個不同層次：(1)社會制度所承認的各種文憑、證書、學歷、專利或智慧財產權等；(2)個人在面對生活上遇到的情況，所處理的方式是否受到周遭社會成員（像是：親友、同儕、團體等）的認同（像是：價值、道德、社會規範等）。

因此，知識制度化資本也顯示出知識資本是社群的且受社會所影響。例如：在日常生活中的宗教信仰，不同宗教有自己提供信徒內在學習的中心思想、宗旨、經典、書籍、傳說等知識，信徒也會表現自己對於宗教的外在行動，以及對於宗教的熱衷以獲得神的解救，甚至進一步學習獲得該宗教相關的證書等，並在生活中面對各種發生的事物，以該宗教的方式進行詮釋，相同宗教的親友會感到認同，但是在不同的宗教社群中卻是錯誤的、甚至受到排擠的。並且，不只是宗教信仰，我們在日常生活的食、衣、住、行等各項社會行動，也是如此。

四、「知識異化」（knowledge alienation）個人的主體性？

無論是從嚴謹方式產生的專業知識，或是透過日常生活自己親身經驗而來的生活知識，抑或是每個人都有生活經驗所累積的知識資本等，一再出現的因果模式，卻會因為每一個不同的社會個體，其接觸到的知識對象及內容不同，而產生差異。

在社會上每一個個人主體性其特質，為透過各種知識所形塑而成。然而，在社會上許多知識本身是一種被詮釋的對象，是一種由論述所形構而來。因此，上述我們花了很多內容，分析說明知識與個人主體性之間的關聯性與問題。包括：知識的生產機制是社會的，是變遷的過程，知識的詮釋者、詮釋的

過程等本身是具有特定目的性，因此，許多內容是被特定機制與特定目所召喚出來，我們對於世間萬物的觀看與認知，並不是完全毫無目的與毫無意義的，反而是鎖定在某些特定的凝視之處，而這是社會化過程的學習與訓練。

所以，在上述「知識資本」概念，也提供一個我們需要去反思自己內在主體性的問題，個人主體性是否早已被社會特定機制、過程及方式等所召喚而來，主體性的產生是一種凝視的過程與結果。

因此，我們要反思的是自己的主體性特質，是否是由具特質但卻片段不全的「知識資本」所構成，而這些是誰的知識、知識詮釋者是誰、什麼樣的知識生產機制、其方法及過程、以及在知識中特定意識形態等，甚至於「我是誰」，我的主體存在與否？以及主體性的原本特質爲何等。

由於在目前現代社會的教育普及、科學至上、資本主義盛行等背景之下，由各種大量知識所建構而成的社會中，有大量被特定機制與目的所詮釋而成爲知識的內涵，然而，知識詮釋活動卻成爲一種儀式，詮釋者獲得權力；詮釋的目的具有特定功能與目的（像是：爲政治服務的各種「僞知識」；或是透過專家說法及數據佐證等，讓消費者購買商品，進而達成資本積累等）。因爲存在於社會中個人的主體性特質，可能被「知識異化」，某些知識建構了、但是卻也異化了主體性。

貳、主體缺席：反思當代社會文化理論

一、主體異化與主體缺席的結構主義

結構主義者認為事物本身背後都有一個深層的、不變的關係，這種關係是一種不同社會角色及其各種生活中，都不會改變的結構，也就是，以人做為主體（object）其生活周遭關係的事物為客體（subject），人這個主體不僅是被目前周遭事物所結構，主體也是被過去的社會經驗所結構，像是：家庭、團體、學校等接觸，或是教育、文化、宗教等學習的歷程，我們透過事物背後的深層結構關係去辨認這個世界，所以，結構主義研究者喜歡理解事物的結構關係，以及研究這些結構關係及其形成的因素等。

但是，結構主義者被批判的是，認為個人所接觸到社會周遭客體勝過且決定了一切，並無思考到個人主體的能動性，而過於重視客體其結構的問題，進而反思了結構主義。因為，結構主義者認為科學研究超越各個事物不同的外表，而直接進入事物內在共通的深層結構，像是：Saussure所提出各種符號雖然是任意的語言，但是其背後卻是由共通的符徵（signifer）及符旨（signified）所構成，符號結構以外並無其他，在後來被發展成為符號學。

但是，符號本身卻也是任意的，不僅我們可以看到現實生活中，即使同一個符號的符徵，在不同的社會生活中，的確有不同的符旨象徵意涵，甚至就連符徵本身也被不同社群的人一再創新，許多社群自己生產自己的符徵並用來象徵自己的符旨內容，且有別於他人（許多次文化社群大多如此，有自己的「行話」及「密語」）。可見得，人（主體）才是符號（符徵與符旨，客體關係）的主角及使用者，而不是符號（客體）超越了人（主體）。因此，在結構主義中存在著「主體缺席」的問題。

　　除了結構主義符號學之外，Lévi-Strauss（1974）所提的結構人類學（structural anthropology）運用二元對立的角度，來確認現實世界，像是：男性及女性、白人及黑人等，在提出何謂「男性」（他）時，同時也界定了「女性」（她），就是事物透過二元對立的方式來辨認世界，包括：個人、親屬關係、社會組織、宗教、神話和藝術等。只是，這些二元對立的本質內容，卻會隨著社會變遷而變動，例如：現代社會對於何謂「男性」及「女性」，與過去每一個時期的社會將不盡相同，況且現實世界並無法以二分法及其對立方式清楚畫分開來，像是：除了定義了「男性」，並以男性爲中心，以外再區分出來的另一種性別爲「女性」，在二者中間難道就沒有屬於第三性別嗎？或是，這個二元對立的分界標準是受當時社會之影響，是由誰來認定與畫分，其背後充滿權力及特定目的之運作方式，而只看到結構本身，卻未見到結構以外的其他重要因素，包括：個人能動的主體性等，甚至也因爲個別的主體有其不同的能動性以及性質差異，才會產生不同的社會生活內容及方式。

　　同樣的，在文學或電影之中的結構主義研究中，像是：敘事結構、文本結構等，神話、散文小說、戲劇、詩歌等都有其基本結構（高宣揚，2017），但是也未看到究竟是誰在觀看，及不同觀看者的心得差異是由何而來，觀看者又是以什麼態度及方式在運作觀看這件事情等，因爲觀看者是本身觀看的主體，而觀看者體驗到的內容卻是任意的、每個人有所不同的。

　　然而，將這些結構主義的現象與問題，以知識角度來看，具有社會關係的各種知識結構客體，的確影響了人的主體性特質，但是人在學習及運用上，並不會每個人都會完全一致，舉例就像大學同班同學每人對於同一堂課所吸收到的內容與效果便是不盡相同，而自己也能主動去選擇自己想要修習的科目，所以，主體具有選擇權及產生一定程度的變動現象。

　　由於在個人主體與社會客體之間，各種知識在二者間扮演極重要的角色與功能，這是因爲各種知識的連結，讓個人主體與周遭社會客體之間產生了關聯與意義，知識同時引導每個人對於生活周遭事物產生什麼是對的或錯的、以及

應該追求或捨棄什麼等等判斷，同樣的，個人受到知識結構影響及展開實踐行動之際，也同時建構了某些知識及知識結構。因此，知識建構了並且推動了社會變遷，或是社會變遷建構了並推動了知識的演變，然而，無論是知識推動了社會變遷，或是社會變動牽動許多知識的改變，變動的社會正透過一再演變的知識在日常生活活動中影響每一個人，而整體社會結構的特質，也可以說，是反映出當時社會所有知識的特質。

結構主義者認為會有不會變動的社會客體結構，存在於我們生活周遭之中，且結構出當事人的主體性，但是實際上每一個主體其本身的主體性特質卻是任意的，因此，整個結構終將會被瓦解。更何況社會結構本身也並非真的永恆不變，反而是隨著社會變遷而改變結構，就如同：在各個時代中有自己的知識型、知識典範等，以及被認為什麼才是「知識」本身即是變動的特性，而如果結構本身自己都在變動，則參與其中許多不同的個人主體及其主體性更是不穩定的。

在結構主義中，個人主體性的形成過程，就如同結構主義的馬克斯主義者認為「人」這個主體，是由客體環境中各個社會關係、物質關係等所建立而來，像是：一位教授，是因為在校園中與學生的師生關係而產生；但是他或她同時也可能是一位父親或母親，這是因為在家庭中與小孩的父子或母子關係；又或者他或她同時也可能是一位志工，因為參與了某個社會團體而擁有了此身分。因此，結構主義者認為，是客體結構了主體的位置、角色等，當客體一旦消失，則主體便不復存在。只是在這樣的結構主義分析之下，過於重視客體結構的結果，便產生客體異化了主體，因為在結構主義之下，主體並未真實存在（過），主體一直呈現空洞及缺席的狀態。

二、主體處於對抗客體結構而存在的後結構主義與解構主義

　　後結構主義者否定結構主義的結構決定一切，像是：在結構語言學中占有極重要位置的符徵與符旨，對於結構主義者來說，因為所有語言都是後設語言（metalanguage），因此並無法代表一切語言，反而只是被主體所使用的工具而已，且不只語言是任意的，就連符徵與符旨二者之間也都是任意的。所以，結構主義者以語言及社會關係等結構做為研究對象，而後結構主義者反而強調個人的主體性，以及重視主體與客體之間的互動關係，也就是，客體結構性與主體能動性之間產生了交織與互動，並相互影響。

　　甚至，解構主義者更進一步反對結構主義，認為離開主體之外，並不會存在一個永恆不變的、所謂的結構。因為，後結構主義者與解構主義者認為每個人的一切都是透過各種自我詮釋而來，因此每個人都具有自己的主體差異特性，並且完全不可能存在一個具有永恆不變的結構性知識，結構是處於一再被瓦解的狀態之中。

　　由於，知識是被當時社會上各個個人主體所複製學習或詮釋生產的對象，所以個人所接觸到的不同社會生活、社會關係等，便會與不同的知識對象產生連結，甚至個人與知識的連結方式也因人而異。結構主義者似乎認為客體外在結構的各種因素為「因」，而結構出屬於這個人的主體性特質為「果」，個人主體性受到外在因素的影響，因此主體性是被結構並且缺少自由及缺席的。

　　然而，後結構主義者則認為個人主體特質為「因」，而主體的能動性及其歷程，與外在連結逐漸形成的客體特質為「果」；甚至於解構主義者更進一步認為就連客體特質這個「果」都不是以結構的方式存在，客體反而是極不穩定的，更不用說會形成所謂的結構性。就像社會中存在著一種所謂的「理性結構」這件事一樣，Derrida（2005）並不認為完全「理性」這件事是存在

的，且他也極力反對西方理性主義（邏各斯中心主義，或稱邏輯中心主義，logocentrism），同樣的，Foucault（2016）也認為沒有比「理性」這件事情更令人感到瘋狂。

　　所有被生產出來、被學習到的各種知識，都是有所差異的。由於不同個人都有自己的主體性特質並有別於他人，在面對同樣一件事物現象的結果時，對於背後認為造成現象的起因，卻是依照：(1)自己在當時接觸到的訊息；(2)個人所處的社會環境與背景脈絡；(3)自己的個性特質等三者，共同交互產生自我認知以及自我進行詮釋而來。因此，個人自己不同的主體性特質，形成屬於自己的觀點、價值或看法等，而且每個人都將有所差異。

　　由於不同的人在知識的接觸面、複製學習、生產、運用、傳播等，其原有的結構是完全鬆動的，因此，一切知識都是去結構化的，一部分的結構只是做為一種不同個體之間相互溝通的工具，像是：語言、文字等等，但語言與文字等本身也還是去結構化的，就像是許多古代中國的成語文字及其意義，到了現在都會產生「古辭新解」。語言及文字本身也是具演化性的，會新增與消失等現象。而每個個人對於相同知識在複製學習、消化吸收之後，也會有不同程度的差異，像是產生自己的、有別於他人的心得，或是轉為自己個人的意念、想法、觀念等。

　　在確認個人主體的確具有能動性之下，只是由於某些後結構（解構）主義者受到馬克斯唯物主義的影響，以唯物論的物質主義為主要觀點，也同時強調主體的行動是充滿物質性或政治性的，也就是離開物質之外的主體及其主體性並不存在。這就像Foucault認為人是特定知識的產物，而知識卻是權力運作而成，因此人的主體性已死，「人將被抹去，如同大海邊沙地上的一張臉」（Foucault, M. ／莫偉民譯，2016：505-06）。奠基在此觀點之上，我們不僅沒有一個一定標準的「人」之條件，更是因為學習了不同的知識而有了各種不同的個別差異，並且無論是什麼樣的知識內容，背後還是有權力運作於其中。

　　然而，受到唯物主義的影響，後結構主義者（解構主義者）似乎僅能看到

主體的外在行動，包括：個人做為一個主體而對於客體知識接收時產生的「延異」（différance）現象（Derrida，1982）[3]。或是，個別行動卻能對整體結構產生瓦解等現象。因此，之所以感覺到主體存在，是因為主體的外在「正在」從事行動；反之，如果主體「沒有」行動，則無法辨別主體是否存在，也就是以外在行動證明主體存在之外，別無他物。主體唯有透過「正在」行動才能辨認其存在，可是沒有行動的主體並不表示其不存在，因為如果「沒有」行動的主體不存在，那麼更不會出現「正在」行動的主體。

　　就像是一個隨身碟內裝有資料，並不是因為其在螢幕顯現資料畫面時才存在，而是擁有空白能裝各種資料的「對象」及其特性，資料才能一再被儲存、刪除及叫出。換句話說，主體於外在行動以外還有他物，還有其他內容而並非是「被抹去的一張臉」而已[4]。

　　如果人是由知識所生產，知識又是權力運作而來，所以「人已死」。但是撥開知識及權力的層次，正在學習或生產知識背後的那一個主體是誰？以及這個主體性是什麼？對於後結構主義者及解構主義者而言，主體出現於外在行動中，甚至在解構主義的主體性，一直存在於正在與客體結構的「作戰狀態」，是一種正在瓦解結構的策略性說法。主體是因為在對抗客體之下，才顯示主體

---

[3] 舉例Derrida（1982）所提的「延異」作用，像是：老師在教授學生相關知識的學習過程中，學生內心產生「差異化」（differ）及「延遲化」（defer）作用，而與老師上課所教導的知識產生了落差，且中間加入學生自己的看法。「差異」為「空間化」（spacing）的區分，使得學生接受的領域與原本的知識產生了距離，產生「空間化」斷裂之現象；「延遲」則是知識被延緩的「時間化」，原先知識其原始意義在學生學習時產生時間延緩的約束，並加入學生自己的意義，因而老師所教導的知識與學生學習到的便會有所差異。

[4] 舉例Foucault的「人之死」觀點，由於Foucault認為知識是一種論述實踐，知識考古學是要「發掘論述構成的規則」，知識是論述實踐的形成過程及結果。因此，他認為知識是一個主體對象和與它關聯的對象之間，由論述形成進而構成相關性與其系統，而知識考古學要做的是了解生產知識的規則，且發現到主體的經驗、知識及權力等，都影響並呈現在一切知識的論述之中。他一再隱述著主體是被世界所支配。在「人之死」這個議題的問題，Foucault似乎認為「知識」是虛幻的，但是主體卻又同時是空虛的，未明的。這就如同我們對於當時社會所召喚出來認為什麼才是「成功」的知識，並依照這些知識來展開生活與人生追求，但是「成功」卻是被特定機制所生產出來，是需要被反思及批判的。但是，離開「成功」之後，我們還剩下什麼？卻是未明不清的，甚至是無奈與無助的，可是話說回來，如果沒有一個主體，那麼經驗「成功」或是反思「成功」的這個對象，又是誰？因此，一定有一個主體性才能運作各種論述的知識。

存在、看到主體對結構的對抗策略及其戰鬥位置，但本質卻是空洞、虛無飄渺與未明，甚至解構主義者排斥給其明確的定義，因為給出一個明確定義就會產生另一種結構及框架，而限制了不同差異的主體及其主體性。在參與解構行動時的能動性，也就是主體存在於向客體結構作戰的位置而存在（但解構主義者是否自己也創造出另一種因對抗結構而稱為解構的教條？），因此，我們在解構主義研究中，還是見不到純粹以主體為主體及其主體性的論述。

結構主義者未見到主體存在，認為主體位置及角色是由客體結構及社會關係等所建立而來，而後結構主義者認為主體的主體性具有自己的能動性，也能改變客體結構，解構主義者則進一步看到各種個別主體，在行動中都在瓦解客體結構。只是不僅在結構主義中客體異化了主體，或是後結構主義、解構主義中，主體還是被主體自己給異化了。然而，沒有被異化的主體或主體性，究竟是否真的存在（或存在過）？

後結構主義及解構主義者的貢獻是瓦解及說明客體結構並不存在，存在的是每一個個人主體本身的行動性。然而，後結構主義者及解構主義者，就像是一種馬克斯主義的笛卡兒主義（cartesianism）者（或是唯物主義的笛卡兒主義者）。因為「我想，所以我是」（cogito, ergo sum），「我想」是一種行動，因此證明自己存在，然而「我想」本身卻是社會化的，受當時社會的知識型等影響如何思考及其內容等，因而主體的行動是不穩定的、變動的、去結構的。但是，在另一方面，卻並未說明於行動背後的主體性，簡單來說，「我想」時證明我存在，然而，在上一個「我想」與下一個「我想」之間的我，還是一樣存在，不然不會出現上一個及下一個「我想」，因此我不只是出現在「我想」之際才存在，上一個思考與下一個思考，以及中間的空檔等三者，都是我（主體）的本質及由其所展現而來。所以，每一個個人主體並不是要展現出思考，主體才被證明存在（更何況「思考」這件事還是社會的、變動的），當沒有主體存在時，就連「我想」這一件事情，都完全不會存在。

三、主體空洞化的「反身性」（reflexivity）實踐行動

　　意識形態的反身性實踐這個概念，其實在早期出現「意識形態」這個議題同時，就已經產生「反身性」的想法，這是因為一方面，我們看到國家及上層階級等生產許多無所不在的意識形態，同時在另一方面，我們反思在意識形態之下應該如何行動。而且，對於許多馬克斯主義的行動者而言，早在馬克斯的思想之中，即說明我們在社會上受到意識形態的影響，然而如果意識形態在社會上必然存在且無法避免的話，那麼，我們不如帶著自己的意識形態去展開社會行動。也就是說，我們並無法脫離社會中的各種意識形態（在當時主要是反思了上對下的、統治的、為了特定資本積累的，將少數人的利益說成是大多人能合理接受的意識形態），不過，自己也可以是意識形態的生產者，既然在社會上無法避免意識形態，不如成為由自己倡議特定意識形態的行動者，並展開社會實踐及社會改革。

　　然而，從知識的反身性實踐之角度來說，「知識反身性」（knowledge reflexivity）的概念是我們在從事知識的行動時便會在原有的知識脈絡中，預設行動即將會產生的結果，因此，知識行動受到原有脈絡的影響，在展開知識行動同時，面對當時需處理的環境條件，在原有脈絡之中形成新的知識及其脈絡，並在此背景中讓知識行動產生及辨認了特定知識的價值與意義。

　　然而，「知識反身性」不僅適用於說明在專業知識的研究、實驗等行動之中，除了在各個自然科學、人文及社會科學、或是醫學等專門領域中，對於專業知識領域的反身性研究行動之外，一般民眾們在日常生活中對於生活知識也是如此，因此，有知識反身性思考的民眾們總是會在生活中，帶領周遭相關人事物往特定方向前進，相較於較無知識反身性思考的民眾們總是一昧接受社會並受其影響。

　　全民的「知識反身性」，例如：買賣股票案例，像是George Soros這類專

家便是運用經濟的反身性思考自己的投資標的物，並且成為全球富豪之一，然而，不僅是專家而已，我們一般社會大眾在進行股票買賣投資時，同樣在自己擁有的知識資本之下，在投資時預想自己的時機、交易金額及數量等等，其購買行動會產生何種結果，所以，無論是專家或是一般民眾，都無法個別的置身事外，一方面參與其中，但一方面也一起加速推升或壓低了股價走向。同樣地，對於國際之間的黃金、石油、大豆、美元、甚至人民幣等各項投資，皆是全民知識反身性的經濟行動。

在一般民眾生活的反身性實踐（Garfinkel，1967）[5]，也就是每一人在自己的日常生活中展開各種活動時，會「有意識」的展開社會行動，在行動時都會事先覺察自己的行動，會產生什麼樣的結果，並且參與其中而形成整個社會的狀態，例如：我們對於知識的內化學習並成為自己的知識資本，且外部化展現出自己的知識行動，與社群（社會）其他人互動同時，會客觀化調整自己的行動，並隨著自己想要達到的效果而反過來思考如何行動，像是：面試、投資、計畫、商品CP值、甚至交談等等。如此，無論是科學家、專業研究者、一般市民等不同階級與社群皆是如此，可以進一步說，在生活中的各種反身性其實很多都是知識的反身性實踐。

然而，反身性實踐卻也是一個缺乏主體的空洞化行動。「有意識」的行動看似是自己的選擇及思考，但也是受社會影響的狀況，由於我們並無法脫離社會，所以「有意識」其實是架構在自身所處的社會生活脈絡之中，才能顯現特定價值與意義。因此，我們通常都會順應社會潮流並在其中找出自己認為對的行動，雖然我們認為主體具有能動性且不受客體結構的牽制，但是二者彼此存在著緊密的關聯性。

---

[5] Garfinkel（1967）在民俗誌的研究中，曾提出「反身性」的概念。Garfinkel認為行動者是有意識展開社會行動的，因為行動者面對狀況時會採取必要的行動來回應這個狀況，並且將這個社會的經驗知識，在下一次遇到狀況時做為預想的參考對象，加以設想如何處理，這個處理方式會從原有的事件脈絡中抽離，進而接合進入新的狀況脈絡之中被重新調節整理，調整後的行動結果與其他參與，共同形成情境脈絡，因此產生這個行動的意義，況且既然社會學家也是人，研究的對象都是社會生活現象，因此，人人都也可以是社會學家。

　　反而我們在原有結構中，每個人參與其中並「有意識」地展開行動，當每個人行動時同時也進一步去建構了原有的結構，只不過在每個人「有意識」的行動中，「有意識」本身卻也是一種社會意識，而社會是一再變動的過程，因此，意識將跟著社會潮流變動而改變，即使我們在每一次的行動當中，都已經一再反身思考「有意識」的調整行動，但是一再變動的社會中，反身性讓我們都「有意識」的一再重複修正再修正，而終其一生。

　　我們脫離不開社會，因此，將社會各種被賦予的、好的、對的、值得的價值與信念等知識對象做為目標，並產生「有意識」反身性實踐行動，用以實踐各種目標設定的樣子，然而目標是社會生成的、變動的，我們卻在不斷的在反身性實踐之中行動，但卻疲於奔命且永無安息之日。

　　同樣的，究竟我是誰及我是什麼？由於我認定我是誰及想像出的樣子，因此逐漸在一連串的反身實踐中成為那個樣子，然而，認定與想像出的那個樣子，卻一直與變動社會相互關聯，且在日常生活的各種反身性實踐活動中，終究見不到個人的主體性及其本質，只有忙碌於一再展開反身、再反身的行動。然而反身性實踐的最終結果，將會造成個人終其一生「有意識」的一再修正，並且終身展開手足無措、馬不停蹄、毫無止盡的一再反身行動。

參、「知識鏡像」（knowledge mirror）理論

一、社會異化了個人主體及其主體性？

無論是西方理性主義（邏各斯中心主義，邏輯中心主義，logocentrism）或是存在主義，前者是強調個人主體存在著理性與邏輯的意念，因此現實世界之中會有特定的理性結構來支撐整個社會；後者則是強調感性與個人自由，世界是由各個不同的、各具獨特性的主體所共同建構等，二者有極大的差異，一個是強調理性、另一個是自我與獨特性等，而二者共通之處是看到主體其外在行動的表現，由於外在行為是可以被見到、可以被研究的，內在卻是隱晦未明。只是，沒有內在又如何能展開外在行動。

回到更早Descartes以懷疑論來推理並確認一個基本的哲學命題「我想，故我是」（cogito, ergo sum），還是強調外在表現，因為出現「我想」正在思考因此可以證明「我是」存在的。我們以結構主義及後結構（解構）主義者來加以分析，對於Saussure來說，「我想」是「符徵」（signifier），故「我是」則是「符旨」（signified），亦即「我想」是透過各種符號象徵等進行運作，因此產生「我是」（誰）的內在象徵意義及特性內涵。然而，對於Althusse來說，個人的「我想」是社會上各種意識形態作用結構而來，甚至更進一步來說是上層結構（特定階級）利用各個國家機器傳播的意識形態而來，故「我是」是被意識形態給宰制、非任意的、被結構的。另外，對於Foucault來說，「我想」是受到當時知識權力運作影響而來，故「我是」這個「人」其實只是當時知識型的社會產物。至於，對於Derrida來說，「我想」是每個主體皆必然有

所差異且是去結構及去眞理的，故「我是」是主體自主且結構鬆動、彈性、解構的。

而上述這些不同的學者都在個人主體與整個客體的對應之間，提出各自不同的理論概念等，不過，也同樣地強調了個人主體的外在行動與表現，而且這些外在行動表現無論是受結構框架限制的說法，或是自己具有自主能動的行動力，都是在每日的日常生活活動中與社會有互動關係、是社會的，而既然是社會的，社會無時無刻都在變遷，因此個人主體以外在行動表現，反身並一再來回修正行動，就如同一場毫無止盡的眞實遊戲。

因爲，以Lacan的「鏡像」理論來說，我們在兒童時期的鏡像階段發展時，「我想」是最初幼童在開始辨認周遭世界時，受到外在世界的鏡像反射而來，故「我是」則是在很小的幼童時期，早已被外在世界影像給異化的對象，因此我們看不到自己的原本樣貌，我們看到的是周遭旁人提供給你，而你有所回應並形成所謂「我是誰」這個主體性的社會眞實之虛幻影像。

二、被社會異化之外的個人主體或主體性是否存在（過）？

在結構主義的語言學中，Saussure所提到的符徵、符旨、符徵與符旨之關係等是社會結構而成，但是，是誰在經驗這個結構性，或是在結構以外是誰？如果別無他物，那麼這個結構又是如何被經驗到或是如何被生產出來？結構主義人類學的Lévi-Strauss，其所提及像是：親屬的基本關係、神話學等結構性的社會關係，然而在這些社會結構之外，是什麼使我們能辨認並生活在這些關係的周遭之中？或是，結構主義馬克斯主義的Althusse認爲人的主體是被各種社會關係客體化所結構而來，在其中，意識形態扮演重要的角色，而意識形態是被社會生成的虛假意識，因此主體是意識形態所結構出來的，只是，在意識形態以外如果別無他物，那麼究竟是誰正在體驗這個意識形態？

在後結構主義之中，Barthes（1967）認為「作者已死」（death of the author），知識的生產者不重要，如同死亡一般，而重點在於知識的學習者。這些人對於同樣的知識文本卻有著不同於他人，以及屬於自己的詮釋內容及詮釋權，或是Barthes（1973）在《神話學》（mythologies）中，試圖瓦解隱藏在我們日常生活之中，各種習以為常看似合理的事物等等，可以看到隱隱約約看到主體性，做為一種反思及批判的行動，也就是，主體存在於對客體的反思或批判才顯現出它存在的角色及位置，而主體性因為對抗神話結構才被辨認出來。

或是在Foucault所提的知識型理論中，知識是社會的，人是知識的產物，Foucault（1979）在「規訓」（discipline）與「懲罰」（punish）之觀點，比喻在現實世界如同監獄一般，我們總是會以為「舉頭三尺有神明」，民眾在日常生活中會受到隱藏在後看不見的手，正在引導我們的認知及所作所為等社會行動與思考。又或是，更積極地去結構性，做為解構主義者Derrida提出大量批判各種真理、社會結構及西方理性主義等的論證內容，然而，這些也是站在對於客體結構展開作戰的觀點，以批判對抗來突顯出主體的存在位置以及其主體性只是具有瓦解性。

結構主義以唯物論觀點看待主體性，認為主體性其實是由各種客體的物質結構而來，因此，真正的主體性是不在場而缺席的，後結構（解）主義對於結構主義展開對抗，因此有了理論的角色與定位。也就是說，後結構（解構）主義是因為前面有了結構主義的知識論述，而讓後結構（解構）主義生產出歷史的意義與價值，是因為在對抗了結構主義的脈絡中生產出後結構（解構）主義的歷史角色與定位。只是，後結構（解構）主義本身對於主體的位置只存在對結構的對抗之中，而主體性只存在於瓦解結構的特性。

由於後結構（解構）主義者對抗了結構主義者而有了理論的歷史地位，雖然結構主義與後結構（解構）主義二者理念看似不合，卻是唇齒相依、缺一不可的關係，因為後結構（解構）主義者倘若離開結構主義論述的背景脈絡，力

量便會變得相顯薄弱，因此，二者相依相存成為更完整的知識型典範。

三、知識三要素：「能、所、主體」

　　主體存在是因為主體性而能被發現，這是因為主體性是一個可被描述的對象。不過，如果主體本身是不受社會影響的，單獨且完整的存在，那麼透過各種社會中的不同語言、文字或圖像等，來敘述主體性及主體為何，似乎都還是停留在社會的，因而是變動的，且是片段、不完整的「描述」，也因為受不同社會的影響，變得眾說紛紜。然而，主體及其主體性卻一直存在，不然，是誰正在思想？是誰正在接收或散佈意識形態？是誰在任意的玩弄符徵與符旨？是誰在學習或分享知識？「我想，故我是」，如果我想的後面毫無他物，那麼，就連「我想」都不成立[6]。

　　回到知識的起源，人類因為個人需要生存，於是在生存的勞動日常活動之中，逐漸生產出大量的知識，但也同樣由於個人需要生存，除了知識成為生存中重要的技能之外，同時許多知識更是政治性的，用以確保個人自己能生存得更好。也因為，在日常生活中許多知識的生產、複製學習及傳播、修正等隱藏著政治性，而讓知識變得更為複雜，且並非完全的可靠，就連過去在歷史中出現的一些宗教真理知識都是具有社會性及政治性，因而產生動搖及複雜化現象。

　　因此，人們並不是「為了知識而知識，而是為了生存而知識」。所以，從

---

[6]　對於「『我想，故我是』，如果我想的後面毫無他物，那麼就連『我想』都不成立」進一步的分析說明。因為「我想」故「我是」，所以「我無想」故「我無是」，我們在日常生活的活動之中，會一再、一再出現各種思考及意念等，其過程就像是：「我想」故「我是」、中間空白（「我無想」故「我無是」）、「我想」故「我是」、中間空白（「我無想」故「我無是」）、「我想」故「我是」等，如果，中間空白是「我無想」故「我無是」，那麼又是誰一再生起「我想」故「我是」的思考與意念。因此，有一個主體及其主體性涵蓋了「我想」故「我是」、以及「我無想」故「我無是」等不同階段的所有一切。而且，由於「我想」故「我是」是受社會影響的，因此在此階段的主體性是有框架的、被侷限住的性質，因而在描述上是不完全且片段、受限。

唯物的、微觀的、功能的角度來看，只要個人相信此信念對象，有助於自己的生存發展，不管實際真假，便會成為這個人自己認定的知識。也就是，因為人的生存需求是自私的，因此，社會上許多特定階級人士，會以各種意識形態等方式來生產社會客體結構，藉此來獲得更多或鞏固自己原有階級與既得利益，並藉此發展成為各種不同人的社會關係，讓不同定位的個人被結構賦予位置及角色，以及影響每個人的價值、意義與社會行動等，因此，個人的主體性是受到客體的意識形態所影響甚至蒙蔽。

或是，如同後結構（解構）主義者，為了解放與反駁結構主義者認為主體被客體所結構的現象，而以對抗結構的論述，來突顯主體存在的能動位置，然而這個對抗客體的主體性，其本身也是政治性的，這是因為站在採取對抗客體的策略位置而才看見了主體性的存在。

然而，人類一方面為了自己的生存，一方面創造了更多的知識，而知識本身因為人在各階段時期的勞動需求而產生演化，形成更為豐富且複雜化的知識，讓人類在演化上愈來愈需要依賴各種知識，截至目前，人類的基因已不再且無法單獨進行生物性的演化，反而需要藉助於各種知識。將知識發展站在演化的角度思考，知識因輔助了人類基因演化，人類的生物基因與知識因相互配合，才是人類的完整演化。

至今知識因的演化逐漸反客為主，是因為知識因可以用來彌補生物基因的先天不足之處，甚至知識因在未來可能脫離生物基因而自行演化（像是：AI人工智慧），或是未來知識因尋找到不同的、可自我繁殖的材料對象時，也可能另外產生出新的物種。或許更進一步來說，人類（或地球所有生物）宛如是起源於各種知識因，像是：不同DNA及RNA的數目及排序方式及編碼等，也是一種知識因，因不同物種而有所不同，形成生物競賽，並演化成為今日樣貌。因此，我們可以對知識因有各種未來的想像，甚至一部分的知識因已經顛倒異化了我們的主體，我們都無法自我覺察，也就是，知識源自於人類生活，卻返回來主宰了人類生活以及「自我」（我是誰）。

　　那麼，沒有被知識因所主導或異化的主體及其主體性又會是什麼？存在主義的「存在先於本質」（l'existence précède l'essence）之概念中，外在行動為何重要於本質，是因為即使要討論一個人是誰，也是由他的行動來證明。對於存在主義者而言，外在行動優先於內在本質的存在，但是，有趣的是，每一個外在行動卻是內在本質對外展現的某一個特定、片段的行動而已，並不是全部。

　　因此，構成了存在主義的三個主要因素：「能動（行動）、所動（被行動的對象）、本質（我）」等三者，並且缺一不可。不僅三者具有相互影響之關係，而且缺少本質，根本不會出現行動本身以及被看見的行動對象。有趣的是，如果存在主義者「完全否定」有一個本質，就不會強調「存在」先於「本質」，而應該是「存在就是一切」之類的說法。只是在過去本質被宗教化、神格化、神祕化而變成無法討論的對象，更何況在目前以唯物主義及科學為知識主流的知識型背景之下，並不強調或甚至認為有一個內在本質。

　　其實，除了我們以存在主義為例，來分析其知識基礎是由此三者因素所構成之外，回到其他所有不同的知識領域之中，我們可以看到有一個極為重要的根本現象，就是，不只是知識本身，而是我們認知世界一切萬物的存在都需要有以下三種因素或條件：「能、所、主體」三者，才會被看見、知道或發現。

　　將認知一切事物存在的基本因素或條件「能、所、主體」三者，放到知識這個領域來看，對於所有一切的知識而言，構成知識的三個要素，是：「能知、所知、參與知識的主體」。

　　以符號學來說，是「符徵、符旨、參與符號的主體」三者，如三者缺一將無意義也不成立，其中還是以「參與符號的主體」最為根本，而三者同時也是變數，不同的符徵、符旨及參與者等三者都會自己生產出價值與意義。另外，以意識形態來說，三者分別為：「意識形態作用、被意識形態作用的對象、參與意識形態的主體」。或是，在Lévi-Strauss所提出的親屬關係中，以二元對立的分類方式產生知識的結構，而結構主義的知識結構之三要素：「能結構、

所結構、參與的主體」。只是，在結構主義中，弱化了或忽略了參與結構的主體角色，但是主體還是存在其中，不然究竟是誰正在被結構。有鑒於此，後結構（解構）主義便批判了結構主義忽略掉主體參與其中的能動性等問題。

同樣的，在解構主義中，構成解構主義的知識三要素，分別為：「能解構、所解構、參與的主體」等，像是：Foucault認為在三者之間運作的是權力及政治等，或是Derrida認為三者之間產生了「延異」（différance）作用，因此結構並不存在，各種知識（包括：神、真理等）都是因為主體在參與中，加入自己補充、註解等想法而有所不同，因此，並不是永恆不變的對象是真理，反而個人擁有主體且對待事物會產生不同差異才是真理。

不只是在社會科學領域的知識是「能知、所知、參與知識的主體」，在自然科學之中的知識應該也是如此，像是：物理科學、生物科學、宇宙科學、地球科學等，都是涉及「能知道的知識、所知道的知識、以及參與知道知識的主體」，因為知識的能知及所知有限，科學知識才會一再發展出新知。例如：在量子物理學中「能測量、所測量、參與測量的主體」，當測量的主體（研究者）將量子視為粒子去觀測時，可以看到量子為粒子的特性，當量子是被認為是波的時候，能測量及所測量到的內容變成頻率波動，又當量子被視為能量時，所觀測到的量子又變成了能量。因此，又回到參與的主體是知識的根本因素，不然一切觀察與研究皆不會出現。

不僅是科學知識、嚴謹的知識等，我們在日常中構成的生活知識的三個要素，也是「能知、所知、參與社會生活知識的主體」，三者不僅相互影響，也與社會長期互動，並且因為不同的社會階級、位置與角色，或是文化差異等，而有所不同，因為不同社會的知識正確，影響個人產生各種什麼是對的、好的、應該追求的知識，而且包括在日常中食衣住行等一切生活知識，以及自我認同、族群、宗教、國家等所有社會知識等，都是由此三者長期互動而成。

也因為，一切知識是由「能知、所知、主體」三者所構成，無論是專業知識、科學知識或學術知識等是架構在三者之間，並以目前社會公認的、所謂的

科學法、學術研究方法等進行研究所得到的知識。另外，在生活中的知識則是每個人以此三者，在各種傳播媒介與個人實際生活經歷等產生知識。而在過去遠古時期（其實至今也是），許多在生活中出現一些奇怪的現象（果），但是產生的原因（因）需要被解釋，所以，出現了各種宗教說法，才能安定民心及穩定整體社會秩序，特定階級才因此能持續擁有統理社會的社會地位與權力。

因此，我們對於世界上一切萬物的認知是由：「能知、所知、主體」三者以及解釋各種現象「因果」關係而構成。然而，在各個時期不同社會發展階段之中，或是即使在同一時期但是每個人位於不同的社會階級與社會生活之中，便會接觸與互動到各種知識正確、知識態，以及知識生產機制、方式及內容等，來詮釋這些因果現象。因此，知識是社會的，且在社會中將會一再產生變動、不穩定、典範移轉等現象，而永無止盡。

那麼我們是否能有一天，完全發現一切所有的、真正的、無誤的、真理的、永恆的知識？既然是「能知、所知、主體」所互動影響，我們一方面知道知識，但是，另一方面受到目前所有「能知」及「所知」知識的侷限，而如果要了解目前的「能知」及「所知」的知識是否正確或為真，又必須要超越目前而擁有更多的「能知」及「所知」的知識才能來回加以驗證，如此，一次又一次地向外擴大知識的範圍與內容，而似乎也永無止盡，因此，無法證明目前的所有知識是否完全正確或為真。

不過，如果我們不要一再擴大知識的層次來解釋現有的知識，而是反過來，回到內部的起源點（或原點）來看，「能知、所知、主體」的基本起源為何？似乎相較更為容易一些，這是因為如果沒有主體及其擁有的主體性，則一切能知與所知根本無法出現，因此，主體才是構成一切認知（知識）的最根本關鍵。

四、「知識鏡像」（knowledge mirror）理論

我們在認知一切事物本身是由「能、所、主體」等三者因素或條件所構成，是我們內在與外在周遭一切連結的基礎，以及與生俱來的「主動能力」。運用在知識方面「能知、所知、主體」則成為構成知識的基本三個要素；而在生活方面，像是：「做夢」，則為「做夢」（能）、「夢境」（所）及「做夢的人」（主體）。

其中，主體最重要，由於有主體的參與、覺知及見證，「能」及「所」的作用才有意義，更由於主體擁有產生「能」、「所」主體性的能力，因此展開與外界互動，認知世界；而「自我」（我是誰）則是個人從嬰兒時期到成人，學習各種知識以及與社會長期互動而逐漸形成，並且每個人有其特質及有所差異，例如：個性、習癖、價值觀等，也同時一再影響「能」及「所」的能力。

另外，我們以下再將世界上所有一切萬物，分別以形而下、形而上等兩大認知層次，以及以「光線」來說明此概念[7]：

1.「形而下」物質層次的認知

我們看見在宇宙中一切物質的顏色，從外太空的星球到顯微鏡下的生物等，是由光的投射（能）、反射的對象（所）、看見的人（主體）等三者，才

---

[7]　「能、所、主體」三者構成一切認知的基礎，並且因此產生在社會上各種人的各種認知以及不同人的認知差異，不僅是我們這個社會如此，生物在認知上似乎也是如此。我們能接觸及所接觸的管道（視覺、聽覺、嗅覺、味覺、觸覺等）十分敏銳與細膩，大腦處理大量的訊息，加上知識因的輔助使人類基因演化成為地球上強勢的物種，同樣地，在宇宙整體的演化進程中，從目前科學主流公認宇宙形成的大霹靂開始以及達爾文的演化論等二者，即可發現，自大霹靂至今，地球相較其他星球，屬於年輕的星球，以演化論角度，應該到處或是偶爾發現其他地方有（或有過）生物（或遺蹟），但是截至目前並未發現，可見我們在此地，比起其他地方多了一個可以認知一切的主體（及具有主體性特質）才對。當然，我們在討論知識因這個概念時，也曾經說，甚至於我們基因本身的數目及序列等也是一種知識因，知識因也是將知識視為由「能、所、主體」所構成的知識演化單位，以及其展開演化變形的過程。知識因輔助人類基因演化，如果知識因出現不需要結合蛋白質而是其他素材，也將產生新的主體及其演化過程，像是：知識因結合金屬或其他生物等材料，正在發展中的人工智慧等，而在此「能、所、主體」也是構成一切認知的基礎，並展開一連串複雜的變動及演化過程。

能構成被觀察到顏色。因此，物質世界是由三者構成一切現象，而且能認知及看見的人是最根本基礎，不然顏色並不存在。

2.「形而上」心理層次的認知

在《聖經》的〈創世記〉中：「神（主體）說，要有光（能），就有了光（所）。」如果沒有「神」（主體）的存在，「光」（能、所）並不會出現。同樣的，在我們日常生活中，我（主體）用什麼方式看出去（能看），世界就是那個樣子（所看），看待別人及生活周遭所有一切事物皆是如此。而且，主體的重要性都高於其他二者，二者都只是主體的延伸。

我們知道如果沒有主體出現的覺知，則在現實世界上一切萬物的「能、所」現象將完成無法成立，因此，主體的主體性是「能」覺知其「所」覺知的一切萬物之「能、所」現象，由於主體性存在以及主體性是由主體所產生，因此主體存在，還是認知世界上一切萬物其最重要且基礎的關鍵。

只是受限於上述「能知及所知」，以及因為文字、語言等這些知識傳播媒介本身同時承載且受限於「能、所」的認知而受到限制，因此，文字或語言等「所」描述的主體，無法完整呈現「能」描述的主體。但是，我們卻可以知道有一個主體正在描述主體（或是目前正有一個主體，以其主體性特質，正在閱讀這一段文字之中）。

主體本身是抽象，但是主體性既然是「性質」，便可加以描述。只是，對於主體性的各種描述可能會出現如上述「能、所」的限制，而過於片段化、瑣碎、不夠完整等各種問題。因此，要運用文字、語言來加以描述主體性，並且儘量減少各種閱讀者在其社會生活中，由自己所經驗到不同的「能知」及「所知」等差異來理解，是一個論述上的課題。

因此，我們回到所有不同的人，在個人開始認知所有一切萬物、相同的起源點，來加以思考與說明，或許會更加容易一些。

　　只是，當我們一開始對於周遭世界產生認知，卻同時也是出現被外在世界萬物「異化」的時間點。也就是，當我們運用與生俱來的主體性，一開始來認知一切外在世界之際，便已經產生異化現象，而「我是誰」就此開始，並在一連串被外在世界萬物所異化而逐漸形成而來。

　　Lacan曾經提出我們於「鏡像階段」（mirror stage），在6至18個月時，由於幼兒逐漸對外在世界有了反應，透過外在世界對主體的投射，而形成了「我」（主體）及「我是誰」（主體性），因此在此開始產生了主客易位的異化現象。因為，這個「我是誰」（主體性）是由周遭一切事物（客體）反射而產生，在此階段我們一方面由外在社會的反映來顯現出「我是誰」（主體性），但是也同時框架及限制了「我是誰」（主體性）。

　　然而，在此時主體並未缺席而是同時正在現場，因為缺少了主體的參與，「能我」及「所我」二者皆無法成立。我們的主體性被異化之現象，是早在一開始的鏡像階段時，逐漸地讓我們習以為常。並且，這些在鏡中反射的影像，使得我們原本的主體性受到在社會生活中各種知識的教化、學習進而具體化，但也同時受到限制、框架、綁架、甚至蒙蔽了更多原本其他發展的可能性。

　　主體如果不存在，則無法出現對於一切萬物的「能、所」認知。而回到知識本身，無個人的主體時所有知識對於個人來說，也毫無意義。因此，我們了解在幼兒時期即被各種鏡像異化了主體，我們早已習慣性地參與在其中，且所反映的社會鏡像跟隨著我們在各種不同的日常生活之中，而一再顯現與變動。

　　因此，再回到Lacan除了提出早在兒時主體即被異化的鏡像理論之外，他也同時提出構成主體的內容，包括：真實界（the real）、想像界（the imaginary order）、象徵界（the symbolic order）等三界相互重疊形成主體，這種說法也說明Lacan承認主體存在並且這是對於主體性的描述，其中真實界不可說，因為任何說法都會只是利用社會上語言等象徵秩序之工具，對於真實界的想像而已。

　　想像界源自於兒時被周遭外在世界鏡像異化的想像之中，象徵秩序則是對

於外在社會學習及運用各種是會文化、邏輯、象徵符號及語言等，並形成「自我」（我是誰）。而受到社會影響產生「自我」（我是誰）形成的順序也同時是三界的關係，為：眞實、想像到象徵（杜聲鋒，1989：163）。也就是，主體是在發展為「自我」（我是誰）過程中產生了異化，因為自我（我是誰）是想像的，並與象徵相互聯繫，本質上主體是欲望狀態，而自我（我是誰）是注視而來的，因此，自我是被物化的並且成為另一種對象（同上：149-50）。

不過，從眞實界要發展到想像界及象徵界，是什麼跟著出生與生俱來的力量造成。因為，擁有這種與主體一起出現的原初、純粹之能力或特性，才能說明並交代主體能透過這種主體性的特質，與外在互動並產生一切認知，也是主體自己的能力，由於此主動性的能力，主體才能被外在鏡像世界給異化，並且一再複雜化發展成想像界及象徵界的內容[8]。

如同「能、所、主體」構成一切知識的三要素，我們回到認識一切萬物的原點（或源點），主體性的原始特質正也是如此，主體（覺知者、見證者，witness）與生俱來擁有「能（subject）、所（object）」的原生能力（主體性）。像是：引用Lacan的三界說法，所有想像界的內容都是由主體性其「能想像」及「所想像」的能力產生，而象徵界是由「能象徵」及「所象徵」的能力形成，而「能、所」的作用能力是主體性的根本特質及主動的能力，不然無法連接外在周遭一切產生主體被異化成為「自我」的現象，而Lacan的鏡像理論也無法成立。想像界與象徵界是主體其主體性「能、所」原初能力作用下的產物。

而且，在主體性的「能、所」能力中彼此具有因果關係、時間性（歷時性）等關係，「能、所」才能交互運作及產生連接作用，其中：「能」為

---

[8] 在想像界或象徵界中的秩序互動方面，以符號學方式說明，「能、所」並不完全是符徵（能指）及符旨（所指），因為無論是在符徵或符旨內容之中，都是存在「能、所」及其交互運作的力量，符徵或符旨的個別狀態也是由各種「能、所」作用而形成，因此並無法單純的指出符徵是能（或所）、符旨是所（或能），但是，「能、所」二者本身自己卻具有因果關係。

「因」及現在進行式，並進而形成「所」爲「果」以及未來式（現在果將形成未來因）或過去式（過去果影響現在因），並且，因此主動能力使得主體逐漸被周遭外在鏡像異化，之後更複雜化連接整套社會化過程。

另外，站在知識因的角度，「主體、能、所」三者及其能力，也是知識誕生的起源。我們接觸外在知識世界也是基於「能、所」主動力，而能學習複製各種知識，以及知識因與人接觸後也才進而產生演化過程，是促成各種知識一再變動演化的能力。[9]

由於「主體、能、所」是一切的源點，因此應該回歸本質，我們具有產生各種鏡像的主動能力，也基於此，我們在過去才會被各種鏡像給異化。因此，我們回歸原始主動力的自主性，且其完整性如同一面鏡子，因爲「能顯（或能生）、所顯（或所生）」所有一切各種影像。

因此，我們應該洞察一開始被異化的現象，不僅主體存在，主體性的本質如同清澈、透明的鏡子特性，並且以此參與並映照所有一切如影像般動態演化的知識。

在個人其不同階段的社會化過程之中，與所有知識互動並參與其中，認知在日常生活活動中所有一切萬物爲各種影像，學習及運用所接觸到的各種知識，如同清透的鏡子般參與並投射、反映所有一切，也了解一切知識處於變動的演化狀態之中。

我們每一個人的主體性，學習如同清澈、透明的鏡面特質，覺知所接觸到的外在世界一切萬物，在日常生活中參與、學習及運用所有各種知識，在各階段參與其中，也同時反映由各種知識所呈現的鏡像世界。

9　Lacan認爲語言符號的意義並非是符徵與符旨的共時性關係，閱讀一句子產生意義是在於閱讀整個句子之後，才能理解句子的意義，故爲歷時性。然而，要了解對方整個意思需要全面性的了解，也並非一個或數個句子而已，尤其，受限於語言及文字需要一字一句閱讀才能逐漸理解之特性，即使是全面性的閱讀完成，也無法完整的全面性複製學習原始的原意，因此，產生了鬆動及空隙，而這正好提供各種知識因演化變形的機會。

附錄　再定義社會學概念

　　以下再從知識的角度重新認識社會中某些相關的概念，有助於再認識整體社會其實是由各種知識類型與內容等，相互重疊架構出所認識的社會面貌，而此架構同時也是透過日常生活中對於社會的相互互動中產生而來，也同時是一種社會框架，亦即，我們一方面透過知識認知「部分」社會，但一方面限制住對於社會的了解。而對於社會的整體了解，來自於各種知識吸收下產生的觀點與價值判斷，因此，我們都僅能認知「部分」社會，也因此，才會人人不盡相同，進而產生豐富、多元又充滿各種差異的社會及其現象。

　　以下從知識角度再定義社會學領域中一些基本概念，並藉以釐清及深化用知識看待社會發展的論述觀點：

1. 知識

　　知識是相信的一組信念，並做為特定目的使用。知識做為社會成員個人與社會之間重要的關聯，個人與社會是透過日常生活活動中的知識連結周遭社會；知識以特定目的使用在個人的日常生活之中，並且對於生活能有所幫助。然而，社會是一再變動的，因此使用的目的也隨著社會變動而有所不同。另外，相信與信念等二者本身也是社會的產物，因為「能」相信以及「所」相信的信念等，都將隨著社會對於何謂知識及其生產機制之不同而有所差異，因此，知識是社會型。

　　知識脫離原本的社會脈絡將可能被再詮釋或被淘汰，知識在當時社會沒被使用之後，也可能在日後社會發展有所需求之下又重新被使用，無論如何，每一個社會有屬於該時期的知識狀態與性質，知識與社會是一再長期互動且相互影響的過程與發展。

2. 社會學想像（sociological imagination）

　　由於個人與社會各種知識的長期互動之下，個人經驗透過各種知識對於周遭社會產生特定經驗，因此，對於社會的認知並不是全然的、全面的、全貌的，而是帶有自我意識與觀點的，因此對於社會是想像的，然而這些想像卻是

來自於個人在日常生活之中所接觸的所有知識之互動過程與結果而成，不同的知識總集成為個人對於周遭社會的看法與行動特性，也就是，社會學的想像來自於日常生活接觸到的各種知識，而產生對於周遭社會的認知，更是一種社會知識的想像。

3. 個人與社會

知識是一組信念，個人與社會之間的媒介為知識，個人與社會之間的接觸是透過各種知識而成，個人也是知識的生產者與消費者，同樣地，社會本身是集體的知識產物，各種知識集合體的社會將影響個人知識的特質，個人也是周遭社會生活中各種知識的集合體。因此，不同的社會位置、角色等，由於所接觸到的周遭知識不同，所形成的個人知識集合體也有所不同，而個人被社會知識所結構時，也同時在建構知識。

4. 社會行動

社會行動是個人在受到社會中各種知識的影響之下，所出現的行動，而有別於一般生物行動。由於社會知識教導個人區分出什麼是「對」的、「應該」的、「值得」的，因此，個人會潛移默化受到影響進而產生被周遭社會所認定及接受的行動，所以，個人的社會行動，其實就是個人對社會知識的實踐行動。

5. 社會結構

社會結構由知識所堆疊及分工而形成的社會架構，並且社會結構及其分工方式，也反應了當時知識的特徵。我們知道在社會分工體系之下，去哪裡可以辦理及解決哪些方面的問題，例如：前往地方政府辦理相關行政所需的證件，讓自己能在社會中運作，像是社會中認知合法的國民需要擁有身分證，或是前往圖書館、學校、博物館、文化中心等知道哪些地方是儲存、學習教育相關知識的地點等。

　　社會結構是由當時知識所堆疊及社會分工方式之下產生的，社會分工方式本身也是一種知識分工方式，並形成當時社會的結構型知識類型，如同大樓架構支撐出整體社會。

6.社會體系

　　社會運作是整體知識的運作，需要各種分工體系，也就是知識的分工系統。社會體系之特性同時反映出在當時社會知識的分工狀態與特質，例如：農業社會、工業社會、後工業社會、知識社會等，其社會分工狀態不同，其實也是知識分工的狀態不同。

　　然而，將相關知識集合成為整體社會其中的一個體系，或是建立一個需要相關知識的社會分工系統，不同的知識系統使得社會得以有效運作，並顯現出當時社會的樣貌。

7.社會化與再社會化（re-socialization）

　　個人的社會化是透過從小到大、長期的、一連串在日常生活中所接觸與互動的各種知識過程，社會化也就是個人受到特定知識所形塑的過程與結果，因此，個人本身就是各種知識的產物。

　　然而，當個人因為時間或空間等關係，像是不同時期的社會變遷或移民，需要重新「適應」不同的社會，而產生再社會化的過程，也就是重新建立知識的過程，例如：從鄉村搬家至都市生活，許多都市中的知識有別於原鄉，在日常生活中的食衣住行等相關知識需要重新學習，以適應新的生活。

8.傳統社會學三大家

　　由Durkheim、Weber、Marx等傳統社會學三大家的研究可以看出知識取向的不同。其中，Durkheim的社會學知識以功能取向為主，社會中各種現象對於社會的作用，知識需要以量化方式來確定其存在及其科學性，例如：自殺的現象中，究竟是哪些社會讓特定階級、位置、角色等人無法適應，或是他研究

社會分工及宗教知識對於社會影響的現象等。

　　而Weber則認爲研究者本身都存在著特定知識背景，因此無法避免地將採取特定理解的方式及觀點，進行社會行動與研究。知識受到研究者個人角度及取向的影響，然而，我們在生活之中，每個人面對日常所有一切知識，不也都是如此。

　　在Marx的研究方面，重視物質相關知識對於個人的影響，聚焦在資本主義、勞動剝削、異化（alienation）等物質生產，許多知識都是政治與經濟運作下的產物，也因此產生許多不同階級的衝突及鬥爭。他認爲勞動活動讓人有別於動物，然而從知識觀點來看，勞動本身是知識的體現，階級是由不同層次的知識所形成，或是階級中分享著屬於該階級的知識內涵，並因不同知識系統而產生衝突，小到階級鬥爭而大到全面戰爭，也是知識之間的衝突，因而某些勝利者的知識得以擴大傳播，像是：宗教知識、或是工業革命之後的近代戰爭與西方知識的傳播等現象。

9. 功能論、衝突論、象徵互動論

　　此三者便是知識研究取向的不同，所區分出來對於社會知識類型的三種不同觀點，其中，功能論主要以知識價值及對於社會的作用爲主，知識存在於當時社會之中，必然有其必要性及產生的原因。

　　在衝突論研究中，則看到在不同知識的產物或集合體中，像是：個人、團體、組織、社群、階級等之間產生的衝突現象，而因爲不同知識產物或集合體之間必定產生衝突，因此，在社會上的衝突無法避免，也同時產生社會變遷。

　　另外，在象徵互動論觀點中，社會日常生活中所接觸到的各種象徵物、符號、語言、文字、圖像等等，就是各種不同知識所外顯的對象，或是說這些符號等象徵物隱藏著各種不同的知識成分，並在日常生活之中與我們產生互動，且將個人與外在社會相互串連並產生個別的價值與意義等。

10. 文化

文化是由各種相關的知識所集合與建立某種特定氛圍，因此不同時間及空間或社群等，一方面由各種特定知識建立起屬於自己的文化特性，一方面也因為自己的特性而有別他人，進而產生文化差異。因此，文化差異便是反應出特定社群其知識特性及有別於其他社群的差異。

在過去許多理性主義者認為知識是理性的對象，但是實際上，完全理性這件事情在社會中並無法存在，因此，知識就是文化，或是文化就是特定知識體系。

因此，文化知識類型存在於個人日常生活中：(1)藝術的生產與藝術消費的相關知識，像是：如何畫出一幅「好」油畫、如何觀賞一幅油畫等；(2)符號象徵知識，像是哪些物品、圖形、文字及語言等符號對象，隱藏著哪些涵意，或是當時社會認為的「美」是由哪些符號所構成等；(3)社會信仰、道德、價值與規範等社會化知識，以特定意識形態形成知識內容與形式，讓個人學習受到影響並認為應該如此，因而產生文化特色，像是：宗教；(4)日常生活知識，像是：生活風格，便是在食衣住行各領域之中，由各種相關知識所建構而成的一種特質，日常生活活動及其形態，就是知識的活動及其產物。

11. 經濟知識

尤其是資本主義中的經濟知識更顯重要，經濟知識為一組有關生產、交換、消費的相關知識，像是：商業模式、公司組織經營、生產或消費之時機、產品的製造、產品行銷等知識。在工業社會重視生產方面的知識，在消費社會則更加重視消費者相關的知識。在經濟知識社會，為強調此組在形成經濟過程中的專業知識，以及專業知識的商品化，或是，在資訊社會中則加入資訊媒介在此組的相關知識，例如：互聯網、物聯網、大數據、虛擬貨幣、區塊鏈等知識。

12.政治與權力

　　在此角度中,知識化身為影響個人與他人及整體社會的力量,因此,知識權力並不只是強加在個人身上的內容與形式,知識產生更成為個人願意去依循、服從或認同等的力量。此外,知識的權力形式包括正式及非正式,像是:正式的知識權力如同法律、學位文憑等,或是社會正式承認的職位角色,像是醫生、教授、警察、政府等其個人及其角色所發言的內容等;在非正式的知識權力中,像是流行文化、道德、價值、觀點等,知識權力也包括了國家權力、專業權力、生活權力等,透過綿密的各種知識內容影響個人。

　　我們以權力的角度思考知識,更重要的是去檢視及反思知識的生產機制,由於許多知識是一套在特定權力機制運作之下所執行出來的產物,而充滿了特定目的性,意即某些看似合理的特定知識,其實成為特定階級的工具,也就是,知識成為工具來完成特定目的,例如:流行文化,其實是由各種有目的的流行知識所形成的特定現象,目的是商品消費與資本積累等,在某種程度上,特定知識以另外一種權力形式蒙蔽大眾。

13.意識形態與國家機器

　　國家機器就是國家知識類型的發射站,所發射出來的知識對象隱藏著國家政府特定目的的意識,因此,這些知識內容隱藏著國家或是少數特定階級人士,基於要統治社會或維護自己的既得利益之下,以特定目的與機器生產特定的知識對象,並且以知識方式來潛移默化及合理化其正當性。

　　也因此,意識形態不僅存在於像是:各種教育機構等國家的機器類型而已,少數特定階級也利用知識生產機制與形式,融入到社會大眾的日常生活之中,成為社會大眾認為是對的、值得的、應該的及其相反的對象,像是:由資本家及媒體所共同打造出來的流行文化及其應該追求的各項豐富商品、或所謂「好的」人生、或某些荒謬的戒律等,由於意識形態無所不在,許多知識背後隱藏著意識形態,就連小時候的故事或是地方上各種鬼故事等承載知識的對

象，可能都隱藏著特定目的的意識形態及其作用。

14.集體記憶知識

集體記憶為特定社群的共同記憶，而記憶為自身過去的經驗，某些特定的經驗將轉為信念與經驗知識。因此，集體記憶為某些社群對於社會某些特定事件經由一起參與而獲得的共同知識，像是：社群中有特定意義的歷史知識，例如：戰爭記憶、社會事件、生命故事等，集體記憶再生產為社群成員其自我認同、歸屬感、身分及凝聚共同體等知識及其作用。由於集體記憶屬於社群其集體的經驗知識，因此，不同立場的社群即使參與共同事件，由於切入觀點不同，因而所獲得到的經驗知識便大不相同。

另外，集體記憶也可能成為某些機制透過特定機制進行操弄的工具，也就是，集體記憶知識的工具化，以特定目的再詮釋（或重新詮釋）過去真實發生的歷史經驗，做為現在某些特定作用。因此，集體記憶涉及是誰來詮釋、詮釋的真實性與目的等因素，以及這些過去歷史中的經驗知識對於未來要產生什麼樣的企圖與作用等，以及集體記憶中的歷史知識，對於現在社會中要產生的認同為何。

15.社會階級知識

社會階級是形成知識接觸與互動不同的基礎因素之一，不同階級的社會成員，由於其日常生活中接觸到的知識有所不同，因此造成了階級差異以及不平等。例如：社會階級比較高的成員，接觸到如何獲取更多社會資源與機會的相關知識較高，像是：公司企業的第二代，或是醫生等高級知識份子家庭。

社會階級由於造成個人在獲得社會知識的質與量等皆不均等，因此也容易產生階級再製的社會現象，像是：菁英階級的第二代更容易成為菁英階級。然而，各級學校等知識教育學習機構，有時候還是階級複製的場所，例如：都市中的知識資源較為豐富，反觀偏鄉兒童因為知識資源不足而階級無法向上流

動。因此，教育資源的落差、數位學習的落差等，也都是在反映出知識資源與機會的不平等。

16. 團體與組織知識

在社會中個別成員與整體社會之間，會形成由下而上具有共同信念的成員集合一起形成組織或團體，例如：社團、政黨、基金會、非營利組織與社區管理委員會等，或是某些社群媒體中也形成網路社群組織等，而這些成員為基於某些共同信念集合而成，在另一方面是由上而下基於政府、法規等社會運作所需的團體及組織，例如：需要立案登記的公司、法規明文規定需要設置的相關組織或團體等。

然而，無論如何，這些組織及團體中皆有某些相同的信念，內部成員有某些相近的知識，也運用組織內的相關知識進行運作。而對於一再學習所需知識的組織，也稱為「學習型組織」。

17. 性別知識

特定社會氛圍結構了社會性別，社會性別是透過一連串社會機制的運作之下，由社會所建構形成，而其中的性別知識便是基礎也扮演著重要作用，因為這些社會性別將透過各種管道傳播出什麼才是「好性」，就像是，「好」男人或「好」女人應有的樣貌與儀態，及內在談吐與嗜好等，我們透過性別知識的教化，成為當時認為「成功」的社會性別，並有別於生理性別。

性別知識的功能不僅於用來規範及產生社會成員的性別認同而已，在消費社會中，性別知識的論述內容，經常與各種商品放置一起，也就是擁有這些商品來獲取更優良的「好性」，像是：女性的化妝、美白、豐胸、整型以及名牌包等產品，或是男性的豪宅、跑車、名錶、西裝等，都是透過各種媒介管道散播「好性」的相關知識，進而產生性別慾望與大量購買這些商品，其目的是為了滿足被論述出來的各種性別知識。

18. 宗教知識

宗教是社會成員對於生死及面對自己無可抗力因素等等之下，需要尋得答案或更大力量的相關知識。宗教所描繪的知識領域及其內容，可與現實世界中的情境相互呼應與相互補充，現實世界的知識結合宗教所描繪世界的知識二者，合為提供社會成員完整世界的知識。

為了形塑一個是有別於日常生活凡夫俗子的世界，而建構神聖化在宗教中產生各種知識，像是：對天堂或淨土的描述、聖地、聖物、神聖時間、儀式等。

19. 醫療知識

從社會整體的宏觀角度來看，醫療領域涉及不同的社會階級，造成的醫療資源與就醫機會的不平等問題以及，整體社會對於何謂「健康」的定義及標準的相關知識為何？又從何而來及為何變動之因素？另外，醫療知識亦分為生理與心理等層次，因此，除了身體方面的健康與否之外，有關精神層次是否健康的意識討論，因為在不同的社會中，總是會建構在當時被認為所謂符合「健康」的人，不符合者則被稱為生病，同時需要接受治療，因此，「健康、標準、疾病、治療」組合成為一組醫療知識。

20. 社會及社會變遷

一個社會是由無數交織與重疊的知識，共同支撐與架構出當時社會發展的狀態與特性。知識影響社會發展，社會特質也影響知識發展，知識推展將影響社會變遷，同樣的社會變遷也會影響知識型態，就連何謂「知識為何」本身也是動態的，其定義將跟著社會變遷而逐漸改變，而知識在每一個時期的狀態之下會產生出特定的、屬於該時期的「社會型」，就像是在現代社會中極為講究的「科學」知識一樣，是當前社會現代化狀態之下的產物。

參考文獻

中文部分

Althusser, L.著／陳越編譯（2003）。哲學與政治：阿爾都塞讀本。中國吉林：吉林人民出版社。

Barthes, R.著／李幼蒸譯（1991）。寫作的零度—結構主義Le Degre Zero De Lecriture。台北市：時報出版。

Benjamin, W.／許綺玲譯（1998）。迎向靈光消逝的年代。台北市：臺灣攝影出版社。

Dawkins, R.／趙淑妙譯（2009）。自私的基因。台北市：天下文化出版社。

Derrida著／汪堂家譯（2005）。論文字學。上海：上海譯文出版社。

Descartes著／周春塘譯（2015）。沉思錄。台北市：五南。

Foucault, M.／莫偉民譯（2016）。詞與物：人文科學的考古學。上海：上海三聯書店。

Foucault, M.著／林志明譯（2016）。古典時代瘋狂史。台北市：時報出版。

Foucault, M著／劉北成譯（2001）。臨床醫學的誕生。江蘇：譯林出版社。

Kaufman, S., L.著／郭寶蓮譯（2016）。凝視優雅：細說端詳優雅的美好本質、姿態與日常。新北市：奇光出版社。

Mumu Dylan（2017）。然後大家終於發現不能把「鐳」放進食物裡了。搜尋日期：20180815。取自：https://www.mplus.com.tw/article/1688。

Stephen Hawking, S. & Mlodinow, L.／郭兆林、周念縈譯（2011）。大設計。台北市：大塊文化出版社。

Tapscott, Don & Williams, A. D.／王怡文譯（2007）。維基經濟學：改變人類世界的集體協作模式。台北市：商智文化。

Urry,J. & Larsen, J.著／黃宛瑜譯（2016）。觀光客的凝視3.0。台北市：書林出版有限公司。

中文聖經網（2018）。聖經知識庫：到底什麼是真理？。搜尋日期：20180316。取

自：https://www.expecthim.com/what-is-truth.html。

中國哲學書電子化計畫（2018a）。*爾雅*。搜尋日期：20180805。取自：https://ctext. org/er-ya/zh。

中國哲學書電子化計畫（2018b）。*顏淵*。搜尋日期：20180505。取自：https://ctext. org/analects/yan-yuan/zh?searchu=%E5%AD%90%E6%9B%B0%EF%BC%9A%E2%80 %9C%E9%9D%9E%E7%A6%AE%E5%8B%BF%E8%A6%96%EF%BC%8C%E9%9D %9E%E7%A6%AE%E5%8B%BF%E8%81%BD%EF%BC%8C%E9%9D%9E%E7%A6 %AE%E5%8B%BF%E8%A8%80%EF%BC%8C%E9%9D%9E%E7%A6%AE%E5%8B %BF%E5%8B%95%E3%80%82。

元氣齋（2004）。*新編藏醫四部醫典*。新北市：元氣齋出版社。

文萊（2004）。*世界屋脊上的神祕醫學*。搜尋日期：20180805。取自：http://www. people.com.cn/BIG5/paper2742/11294/1020219.html。

台北世界貿易中心駐清奈辦事處（2012）。*印度美容保養品市場*。搜尋日期： 20180429。取自：https://info.taiwantrade.com/biznews/%E5%8D%B0%E5%BA%A6% E7%BE%8E%E5%AE%B9%E4%BF%9D%E9%A4%8A%E5%93%81%E5%B8%82%E 5%A0%B4-933574.html。

白居易（2018）。*霓裳羽衣舞歌*。搜尋日期：20180501。取自：https://fanti.dugushici. com/ancient_proses/22329。

朱建民（2003）。*知識論*。新北市：空中大學。

何立民（2015）。*知識簡史*。北京：北京航空航天大學出版社。

余英時（2003）。反智論與中國政治傳統，《*中國思想傳統的現代銓釋*》。中國：江蘇 人民出版社。

余英時（2014）。*反智論與中國政治傳統—儒道法三家政治思想的分野與匯流*。 搜尋日期：20180326。取自：http://bbs.creaders.net/history/bbsviewer.php?trd_ id=986466&language=big5.

吳汝鈞（2009）。*西方哲學的知識論*。臺北市：臺灣商務出版社。

李時珍（2014）。新訂本草綱目。台南市：世一出版社。

杜聲鋒（1989）。拉康結構主義精神分析學。台北市：遠流出版社。

周詣（2017）。當「知識」被包裝成服務與產品：淺談「知識變現」產業。關鍵評論網。搜尋日期：20180325。取自：https://www.thenewslens.com/article/66004。

林杰樑（2014）。別多氯了。搜尋日期：20180425。取自：https://www.facebook.com/jalianglin/posts/890407287643714。

林俊成（2018）。你還在相信左右大腦大不同？。搜尋日期：20180324。取自：https://jasonpsychologist.blogspot.tw/2016/11/brain-lateralization.html#!/2016/11/brain-lateral-ization.html。

韋伯（2007）。基督新教倫理與資本主義精神。台北市：遠流出版事業股份有限公司。

高希均（2000）。「知識經濟」的核心理念。搜尋日期：20180325。取自：https://www.gvm.com.tw/article.html?id=6521。

高宣揚（2017）。結構主義。上海：上海交通大學出版社。

張嘉彬（2012）。資訊爆炸。搜尋日期：20180429。取自：http://terms.naer.edu.tw/detail/1678899/。

郭曄旻（2017）。傳教士開道，《聖經》作餌：一個古文明的消亡從他宣稱不信上帝開始。搜尋日期：20180327。取自：https://kknews.cc/history/3352ogg.html。

彭孟堯（2009）。知識論。台北市：三民股份有限公司。

智庫百科（2018）。區塊鏈。搜尋日期：20180425。取自：http://wiki.mbalib.com/zh-tw/%E5%8C%BA%E5%9D%97%E9%93%BE。

辜騰玉（2016）。區塊鏈運作原理大剖析：從一筆交易看區塊鏈運作流程。搜尋日期：20180425。取自：https://www.ithome.com.tw/news/105373。

開羅臺灣貿易中心（2012）。埃及2013年起開始課徵房屋稅。搜尋日期：20180429。取自：https://info.taiwantrade.com/biznews/%E5%9F%83%E5%8F%8A2013%E5%B9%B4%E8%B5%B7%E9%96%8B%E5%A7%8B%E8%AA%B2%E5%BE%B5%E6%88%BF%E5%B1%8B%E7%A8%85-947658.html。

黃彼得（2018）。耶穌復活的啓示。搜尋日期：20180405。取自：https://www.golden-lampstand.org/lib/ws/read.php?id=1972-010。

黃俊儒（2012）。「以科學之名」的迷思。搜尋日期：20180405。取自：http://pansci.asia/archives/14074。

新唐人（2010）。日食傳說：天狗食日。搜尋日期：20180405。取自：http://www.ntdtv.com/xtr/b5/2010/01/17/a387099.html.-%E3%80%90%E6%B0%91%E9%96%93%E5%82%B3%E8%AA%AA%E3%80%91%E6%97%A5%E9%A3%9F%E5%82%B3%E8%AA%AA%EF%BC%9A%E5%A4%A9%E7%8B%97%E9%A3%9F%E6%97%A5.html。

楊智傑（2017）。資訊爆炸時代中，「意義」成爲高價商品。搜尋日期：20180429。取自：https://www.bnext.com.tw/article/43784/meaning-entropy-ifs-meme。

農曆查詢（2018）。2018年1月28日農民曆／黃曆。搜尋日期：20180326。取自：http://www.nongli.info/huangli/days/index.php?year=2018&month=1&date=28。

臺灣原住民族資訊資源網（2018a）。認識原住民族-排灣族族群歷史。搜尋日期：20180707。取自：http://www.tipp.org.tw/aborigines_info.asp?A_ID=10&AC_No=2。

臺灣原住民族資訊資源網（2018b）。認識原住民族-卑南族族群歷史。搜尋日期：20180707。取自：http://www.tipp.org.tw/aborigines_info.asp?A_ID=6&AC_No=2。

趣歷史（2016）。印加帝國的滅亡：被西班牙征服者輕鬆地擊敗。搜尋日期：20180328。取自：https://kknews.cc/zh-tw/history/l4lr92.html。

聯合新聞網（2018）。本草綱目被嘲「笑話大全」中醫師轟：無知又理盲。搜尋日期：20180805。取自：https://udn.com/news/story/7266/2986920。

英文部分

Barthes, R. (1967).*The Death of the Author*. UbuWeb Papers.

Barthes, R. (1973). *Mythologies*. St Albans : Paladin.

Derrida, J. (1982). *Margins of Philosophy*. Chicago & London: University of Chicago Press.

Foucault, M. (1979). *Discipline and Punish: the Birth of the Prison*. New York: Vintage Books.

Foucault, M. (1980). *Power/Knowledge: Selected Interviews and Other Writings, 1972-1977*. New York: Pantheon Books.

Garfinkel, H. (1967). *Studies of Ethnomethodology*. New Jersey: Prentice-Hall.

Geertz, C. (1985). *Local Knowledge: Further Essays in Interpretive Anthropology*. New York: Basic Books.

Levi-strauss, C. (1974). *Structural Anthropology Paperback*. Chicago: N. Fagin Books.

Lorenz, E. N. (1963). *The Predictability of Hydrodynamic Flow* (PDF). Transactions of the New York Academy of Sciences., 25 (4): 409–432. http://eaps4.mit.edu/research/Lorenz/Predictability_hydrodynamic_flow_1963.pdf.

Lyotard, J. F. (1984). T*he Postmodern Condition: A Report on Knowledge*. Manchester: Manchester University Press.

Popper, Karl R. (1972). *Objective Knowledge: An Evolutionary Approach* (Revised Edition). UK: Oxford University Press.

案例照片資料出處

廖世璋攝（2012）。印度Himachal Pradesh傳統婚禮案例。

廖世璋攝（2012）。西藏拉薩布達拉宮世界文化遺產案例。

廖世璋攝（2012）。埃及Karnak世界文化遺產案例。

廖世璋攝（2012）。埃及開羅城市案例。

廖世璋攝（2013）。以色列Tabgha「五餅二魚」教堂案例。

廖世璋攝（2013）。以色列聖幕教堂世界文化遺產案例。

廖世璋攝（2013）。法國巴黎凱旋門、巴黎鐵塔、香榭大道等案例。

廖世璋攝（2013）。法國羅浮宮博物館案例。

廖世璋攝（2013）。梵蒂岡聖彼得大教堂世界文化遺產案例。

廖世璋攝（2014）。土耳其Ephesus的Celsus圖書館世界文化遺產案例。

廖世璋攝（2014）。土耳其Ephesus聖馬利亞之屋案例。

廖世璋攝（2014）。土耳其Kaymakli Underground City世界文化遺產案例。

廖世璋攝（2015）。祕魯Larco Herrera博物館案例。

廖世璋攝（2015）。祕魯印加帝國史首都Cusco世界文化遺產案例。

廖世璋攝（2015）。祕魯馬丘比丘世界文化遺產案例。

廖世璋攝（2018）。加拿大黃刀鎮極光案例。

廖世璋攝（2018）。英國莎士比亞故居案例。

廖世璋攝（2018）。英國劍橋大學案例。

廖世璋攝（2018）。臺灣台北龍山寺案例。

廖世璋攝（2018）。臺灣宜蘭案例。

國家圖書館出版品預行編目資料

知識因：知識演化論（知識社會學）Knowledgene: A
Knowledge Evolutionism (Knowledge Sociology)
／廖世璋著. －－初版.－－臺北市：五南，
2018.12
　面；　公分
ISBN 978-957-763-178-7（平裝）

1.知識社會學

540.2　　　　　　　　　　　　107020377

1JOB

知識因：知識演化論（知識社會學）
Knowledgene: A Knowledge Evolutionism (Knowledge Sociology)

作　　　者 ― 廖世璋

發 行 人 ― 楊榮川

總 經 理 ― 楊士清

主　　編 ― 陳姿穎

責任編輯 ― 沈郁馨

封面設計 ― 姚孝慈　王麗娟

出 版 者 ― 五南圖書出版股份有限公司

地　　址：106台北市大安區和平東路二段339號4樓

電　　話：(02)2705-5066　傳　　真：(02)2706-6100

網　　址：http://www.wunan.com.tw

電子郵件：wunan@wunan.com.tw

劃撥帳號：01068953

戶　　名：五南圖書出版股份有限公司

法律顧問　林勝安律師事務所　林勝安律師

出版日期　2018年12月初版一刷

定　　價　新臺幣320元